TRANS

RENATA CERIBELLI E BRUNO DELLA LATTA

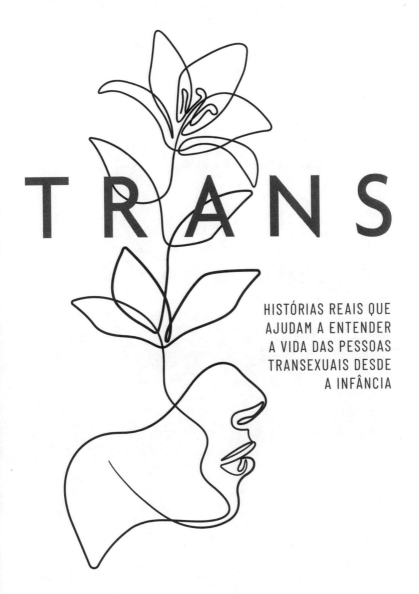

TRANS

HISTÓRIAS REAIS QUE
AJUDAM A ENTENDER
A VIDA DAS PESSOAS
TRANSEXUAIS DESDE
A INFÂNCIA

GLOBOLIVROS

Copyright da presente edição © 2021 by Editora Globo S.A.
Copyright © 2021 by Renata Ceribelli e Bruno Della Latta

Todos os direitos reservados. Nenhuma parte desta edição pode ser utilizada ou reproduzida — em qualquer meio ou forma, seja mecânico ou eletrônico, fotocópia, gravação etc. — nem apropriada ou estocada em sistema de banco de dados sem a expressa autorização da editora.

Texto fixado conforme as regras do Novo Acordo Ortográfico da Língua Portuguesa (Decreto Legislativo nº 54, de 1995).

Editor responsável: Guilherme Samora
Editoras assistentes: Fernanda Belo e Gabriele Fernandes
Design de capa: Cris Viana – Estúdio Chaleira
Leitura sensível: Alice Destro
Preparação: Francine Oliveira
Revisão: Kaya Adu Pereira e Adriana Moreira Pedro
Projeto gráfico e diagramação: Douglas K. Watanabe

CIP-BRASIL. CATALOGAÇÃO NA FONTE
SINDICATO NACIONAL DOS EDITORES DE LIVROS, RJ

C392t

    Ceribelli, Renata,
      Trans: histórias reais que ajudam a entender a vida das pessoas transexuais desde a infância / Renata Ceribelli, Bruno Della Latta. – 1. ed. – Rio de Janeiro: Globo Livros, 2021.

      ISBN 978-65-86047-24-0

      1. Transexualidade. 2. Transexuais. 3. Identidade de gênero. 4. Entrevistas. I. Latta, Bruno Della. II. Título.

20-67274

CDD: 306.768
CDU: 316.7-055.3

Camila Donis Hartmann – Bibliotecária – CRB-7/6472

1ª edição – março/2021

Editora Globo S.A.
Rua Marquês de Pombal, 25
Rio de Janeiro, RJ – 20230-240
www.globolivros.com.br

*Às famílias que aprenderam
que nem todo filho é feito
a sua imagem e semelhança.*

Sumário

Prefácios de
Renata Ceribelli **9**
Bruno Della Latta **16**
Bárbara Aires **23**
Cristina Serra **28**

1. Carol **35**
2. Mel **56**
3. Bernardo e Gabriel **82**
4. Andrea **104**
5. Taís e Hellen **129**
6. Luiza **147**
7. Helena e Anderson **170**
8. Lecca **177**
9. Bárbara **187**
10. Leonard **210**

Agradecimentos **225**
Glossário **227**

Prefácio de Renata Ceribelli

A observação da vida e das pessoas é a maior matéria-prima para quem trabalha com comunicação. E meu grande prazer como repórter é justamente esse: ouvir e contar diferentes histórias de vida. Cada vez que entrevisto uma pessoa e ela abre a porta de seu mundo para mim, sei que vou encontrar ali mais uma oportunidade para meu crescimento pessoal. Descobrir as múltiplas maneiras que existem de ser e de viver amplia nossa visão de mundo e nos faz seres plurais, com inúmeras combinações de gostos, vontades, valores e ideias. Enfim, pessoas sem preconceitos.

Por isso, quando fui convidada para fazer a série de reportagens sobre o mundo das pessoas transexuais pelo Bruno Bernardes, atual diretor do *Fantástico* e que na época coordenava as séries especiais do programa, imediatamente me encantei com o desafio de falar sobre um assunto tão mal compreendido e carregado de prejulgamentos.

Para começar, precisávamos fazer nosso público entender algo que ainda hoje é difícil para muita gente: que nascer com órgão sexual considerado feminino ou masculino não significa necessariamente ser do gênero feminino ou masculino. Você pode se identificar com inúmeros gêneros, independentemente do sexo biológico que lhe foi designado.

Aqui, abro parênteses para dizer que, se por acaso esse assunto ainda faz um nó na sua cabeça, acredite, este livro vai te ajudar a desfazê-lo.

Continuando... Para cativar nosso público, fazê-lo parar e ouvir sobre algo que muitos ainda rejeitam abordar, não bastava dar informação. Ela seria, claro, nosso ponto de partida: informar era o principal objetivo. Mas seria necessário também sensibilizar as pessoas para o tema, derrubar as barreiras. Especialmente daquelas com pensamentos mais provincianos e limitados, que resumem uma questão ampla e complexa como essa com frases do tipo: "Essa coisa de trans é uma pouca vergonha e pronto".

Com a ajuda da produtora Nunuca Vieira, a primeira da equipe a ir a campo pesquisar e levantar as mais diferentes histórias, fui conversar primeiro com uma militante da causa, a Bárbara, que também é personagem deste livro. Sua história não foi contada na série exibida na televisão, mas ela esteve trabalhando conosco durante seis meses até as reportagens irem ao ar. Era a primeira vez que a equipe do *Fantástico* convivia com uma pessoa trans trabalhando lado a lado na redação. Confesso que eu adorava observar os colegas nessa situação nova. Tudo era um aprendizado.

De um lado, a Bárbara nos alimentava, no início, com informações sobre o sofrimento de se nascer trans e nos orientava também sobre os termos adequados que a comunidade LGBTQIA+ – cuja sigla tem o significado descrito em nosso Glossário – adota para falar de suas questões. E são muitos. É fácil cair na armadilha de usar uma palavra que possa soar ofensiva.

De outro lado, estava a nossa orientação de conteúdo, que precisava ser pautada pelo conhecimento científico, e isso nem sempre refletia o que os militantes da causa pensavam. Mas o nosso caminho foi o jornalístico. Seguimos o que especialistas dizem, baseados na ciência. E foram inúmeras conversas com o dr. Alexandre Saadeh, psiquiatra e coordenador do Ambulatório Transdisciplinar de Identidade de Gênero e Orientação Sexual do Hospital das Clínicas da Universidade de São Paulo (USP), onde conhecemos vários personagens da nossa série. Ali, inclusive, tivemos contato com uma das figuras mais difíceis de se encontrar para falar abertamente na TV sobre o assunto: uma criança de onze anos.

Desde o começo da produção, o Bruno Bernardes insistia que precisávamos ter crianças transexuais na série. Repetia constantemente isso. Eu arregalava meus olhos e pensava: "Uau, que missão!". Se falar sobre a vida das pessoas trans já era algo inovador na época, para não dizer "ousado", imagine colocar uma criança transexual dando seu depoimento em pleno domingo à noite, no *Fantástico*. É um programa que atinge um público de norte a sul do país e, em muitos lugares, ainda é assistido pela família toda, reunida na sala de casa. Os mais conservadores se sentiriam incomodados? Rejeitariam? Não, isso não poderia acontecer, porque nosso objetivo era justamente fazer o público entender que as pessoas trans não podem ser marginalizadas simplesmente por terem nascido assim. Se o assunto fosse rejeitado, nosso objetivo não se concretizaria. Seria frustrante demais.

Mas não foi assim. E, durante uma das primeiras gravações, justamente com a primeira criança trans que entrevistamos para a série, a Mel, lembro de ter trocado um olhar com o roteirista Bruno Della Latta – nos falávamos só pelo olhar. Estávamos extasiados com a aula que uma garota de apenas onze anos nos dava sobre o assunto, com a clareza com que ela falava de sua situação e do sofrimento de ter nascido com uma genitália masculina e se sentir uma menina. Naquele olhar entre mim e Bruno, ficou dito que a série tinha que ser contada a partir de uma criança transexual. Partindo do ponto de vista dela, o público entenderia a diferença entre sexo biológico e identidade de gênero.

Ninguém olharia para uma criança sob o ponto de vista sexual. Não era uma mulher adulta se prostituindo na rua, como a maioria das transexuais é levada a ganhar a vida. Era uma criança! Ela seria o nosso caminho para as pessoas se despirem do preconceito e ouvirem as próprias pessoas trans contarem sua história. Porque foi isso que nós fizemos: demos o microfone para elas. Demos a voz para a comunidade trans falar em um espaço tão importante como o *Fantástico*.

E funcionou.

A história de Mel, que abriu a série, foi ao ar e logo depois o que mais ouvíamos era: "Eu não sabia o que era ser transexual!", "Nunca mais vou olhar para essas pessoas com preconceito!", "Obrigada!", "Parabéns!", entre tantas outras reações positivas. Foi um alívio ter a certeza, ali, de que as pessoas não rejeitariam o tema.

Outro desafio imenso, ainda na fase de preparação da série, ficou na conta de Bruno Della Latta. Como contar essas histórias? Como falar de um tema considerado tão delicado e, às vezes, tão pesado? A solução foi formatar a série dentro da linguagem da história infantil *Alice no País das Maravilhas*. Ficou lúdico, sensível. E realmente fez muita gente parar para ouvir o que aquelas pessoas – que raramente são ouvidas – tinham a dizer.

A dra. Luísa Lages de Abreu, hoje especializada em Radiologia e Diagnóstico de Imagem, mas que trabalhava como médica de família na Serra do Cipó, em Minas Gerais, alguns anos atrás, concorda. Foi com ela que a Luiza, do capítulo 6 – cujo nome foi escolhido em homenagem à médica –, finalmente pôde começar a entender, depois de anos de incompreensão e confusão, sua condição de gênero.

"Tenho certeza de que o próprio documentário ajudou a várias outras pessoas", conta a dra. Luísa. "São essas explicações simples, essas histórias de alguém passando por um conflito parecido com o seu, que ajudam as pessoas. Saber que você não está sozinho no mundo em suas dúvidas e seus sentimentos já é o primeiro passo para se sentir melhor e tentar mudar! Minha xará me ensinou isso…"

Na série da TV, contamos as histórias de várias pessoas trans em diferentes fases da vida.

Na infância, por meio da menina que se recusa a ser menino, por mais que o mundo grite que ela nascera homem e deveria viver assim.

Na adolescência, por meio do menino que escondia seus seios durante a puberdade, momento mais difícil para uma pessoa trans, pois é quando o corpo ganha contornos indesejáveis para o gênero com o qual ele ou ela se identifica.

Na vida adulta, falamos com uma pessoa antes e outra após a cirurgia de redesignação sexual, conhecida vulgar e erroneamente como "troca de sexo".

A primeira, uma mulher transexual que só descobriu quem era aos 21 anos e que decidiu ter um filho enquanto ainda tinha o órgão sexual masculino, usando a barriga de uma amiga para ser mãe. E uma outra que ainda sofre, mesmo depois da cirurgia, porque nunca conseguiu ser vista como uma mulher.

Encerramos a série mostrando a formação de uma família através da união de duas pessoas trans. Um casal que gerou o primeiro filho de pai e mãe transexuais no Brasil.

Dois anos depois que a série foi ao ar, voltamos a cada uma dessas pessoas que entrevistamos para recontar e atualizar suas histórias neste livro. Incluímos também histórias que gravamos para a série, mas que, por outras questões, não foram exibidas. Fomos atrás de todos para saber que rumos suas vidas tomaram. Se os sonhos a curto prazo ficaram mais difíceis ou se realizaram; se o mundo que hoje acelera o acesso à informação está tratando melhor quem nasce transexual. Fizemos este trabalho para entender os efeitos que uma maior visibilidade na mídia está trazendo em suas vidas.

Nesse meio-tempo, entre as entrevistas com os personagens para escrever o livro e a sua publicação, a vida de todos nós sofreu um baque.

O mundo começou a guerra contra o ser invisível chamado coronavírus, e passamos a partilhar do mesmo sentimento: o medo. Na hora de matar ou salvar, o vírus não escolhe nome, endereço, religião, posição política ou identidade de gênero. Nada disso importa. É, com certeza, um dos momentos mais difíceis que a humanidade vive nos últimos tempos. Mas todo trauma, por pior que ele seja, sempre deixa um aprendizado. O que eu espero é que entre as reflexões que a pandemia, que se iniciou no Brasil em 2020, tenha provocado nas pessoas esteja o fim do preconceito com quem pensa e vive diferente delas. Que as pessoas tenham sido profundamente transformadas, a ponto de enxergar que as diferenças são ricas, libertadoras e tornam o mundo mais justo e melhor.

Este livro exige uma mente aberta e livre para conseguir entrar no universo de indivíduos extremamente especiais. Mas espero que também seja capaz de abrir e de libertar aqueles que ainda têm dificuldade de entender quem são as pessoas transgêneras, mais especificamente as pessoas transexuais. Sejam bem-vindos ao universo dessas pessoas que sempre existiram entre nós, mas que antes permaneciam invisíveis.

Julho de 2020

Prefácio de Bruno Della Latta

Quem sou eu?

Quem sou eu para roteirizar e dirigir uma série de reportagens sobre pessoas trans? Quem sou eu para agora escrever um livro sobre o mesmo tema e as mesmas pessoas? Quem sou eu?

Esse foi o título da série para a TV. E não foi à toa.

Era essa a pergunta que me fazia quando pedi para elaborar o projeto no *Fantástico*, em julho de 2016.

O que me movia era a sincera vontade de dar voz a quem, muitas vezes, é negada a própria existência. Uma voz que seria ouvida por milhões de pessoas em um dos maiores canais de TV do mundo.

Mas eu não sou trans. Qual legitimidade eu tenho para isso?

Parti então para uma autoanálise. As perguntas que me fazia giravam em torno do que eu poderia falar com propriedade e de que maneira.

Corri para o espelho e perguntei: "Quem sou eu?".

Seria dessa forma que a história começaria. O texto que abre a série surgiu das perguntas que me fiz naquele momento.

Concluí que o caminho não era destacar o que nos difere um dos outros. Seria difícil eu realmente entender aquilo que é diferente de mim, assim como seria difícil fazer com que as mais variadas pessoas entendessem. Mesmo porque muitas delas seriam confrontadas com essa realidade pela primeira vez na vida.

Enquanto eu ainda estava me questionando sobre como iríamos contar essa história, a produtora da série, Nunuca Vieira, já estava em campo, começando a levantar os nomes com quem falaríamos.

Temos essa mania no jornalismo, a de começar pela parte científica. Conhecemos o médico Alexandre Saadeh, coordenador de um dos poucos centros de estudos de pessoas transgêneras do país, que se tornaria um dos nossos consultores.

O dr. Alexandre nos deu uma pequena aula de introdução, e assim nos familiarizamos com a visão médica do assunto. Mas não queria que a série tivesse uma pegada puramente científica. Não somos só um conjunto de células e dados genéticos. Somos também o que vivemos.

Queríamos, portanto, montar um retrato das pessoas que questionam seu gênero hoje, com todos os seus conflitos, seus dramas, suas lutas, suas derrotas e suas vitórias.

Surge, então, nessa história a Bárbara Aires. Ela, uma mulher trans, veio até a redação com seu namorado, Patrick Lima, um homem trans. Falamos por cerca de duas horas e alguns temas centrais da série logo apareceram: carreira, tratamento hormonal, cirurgia, discriminação e relacionamento. Mas o foco principal foi mesmo o relacionamento. Ela defendia que a melhor opção para uma pessoa trans era se relacionar com outra pessoa trans.

Voltei para casa com isso na cabeça. A realidade é que as pessoas trans não se relacionam só com pessoas trans. Elas provavelmente nasceram de um relacionamento cisgênero – quem se identifica com a identidade de gênero que lhe foi designada ao nascer – e cresceram certamente rodeadas de pessoas cis. Minha cabeça passou a pensar a respeito desses indivíduos cis que tiveram que lidar com a realidade trans. Pessoas que tiveram que se questionar, que aceitaram ou rejeitaram. Pessoas que nutriram e nutrem amor ou ódio.

Pronto. Parecia que tinha achado a saída. A série não falaria só sobre pessoas que não se reconhecem no corpo em que nasceram e em conceitos limitados de gênero. Seria também uma série sobre família – nada mais apropriado para um programa de canal aberto que vai ao ar aos domingos à noite.

Deixaríamos os conflitos externos, então, limitados às questões envolvendo família, principalmente pai e mãe. Seriam eles os coadjuvantes com destaque na história.

Mas e os conflitos internos? Esses eu acreditava nunca ser capaz de alcançar. Tinha certeza de que iria ser acusado de dourar a pílula. Aliás, tenho mesmo essa mania. Escapo dos meus problemas mais sérios apelando para fantasia e imaginação.

Então por que não mostrar quem são eles da mesma forma como mostro quem sou eu?

Minha cabeça estava fervilhando quando, de uma brincadeira com meus sobrinhos, surgiu a ideia de usar o clássico *Alice no País das Maravilhas* como fio condutor da narrativa. Poderia ser outro livro. Dizem mesmo que todas as histórias do mundo já foram contadas. Mas, pelo que eu sabia, a história de *Alice* fala de uma garota que vive os conflitos de quem está amadurecendo.

Reli o livro. Revi a versão do cinema. Estava tudo ali. Servia para falar sobre a Alice, sobre a Mel, sobre a Andrea, sobre a Taís, sobre o Leo...

Bastou uma noite em claro para eu criar aquele que seria o roteiro de toda a série, baseado nessa história. Começaríamos mostrando uma criança. Uma criança que percebe estar crescendo. Uma criança curiosa e receosa de entrar em um mundo que, futuramente, será obrigada a enfrentar.

Parece um abismo.

E é.

O mundo é cheio de portas.

Até parece que temos várias opções.

Mas existe uma porta reservada a essa criança.

E ela é a mais difícil de entrar.

Ela é menor do que a própria Alice.

Esse é um paralelo bem fácil com a realidade de uma criança que precisa barrar seu crescimento, segurar sua puberdade para poder futuramente seguir o rumo reservado a ela.

Ela precisará tomar algo que iniba seus hormônios. "Beba-me!"

Mas é muito difícil que esse bloqueio hormonal deixe a criança satisfeita com seu corpo. Isso vai causar muito sofrimento, representado por um mar de lágrimas que fará com que essa pessoa siga seu rumo.

Uma das primeiras figuras com a qual ela vai se deparar nesse novo mundo é a lagarta. Mas ela ainda está numa fase de descobertas. Ainda não entende direito sua própria identidade e não conseguiria responder a uma pergunta tão simples e complexa: "Quem é você?".

Ela não vai conseguir dar a resposta, mas aprenderá uma lição ali. Não é porque a lagarta nasceu em forma de lagarta que precisará ser lagarta para o resto da vida. Ela aprenderá que toda lagarta pode virar borboleta. Quando descobre que não precisará seguir pelo resto da vida com as mesmas formas corporais de nascença, um novo mundo surge para ela.

Então ela chega ao jardim das flores. Nesse jardim, ela não é como as outras; não é uma flor. Na interpretação rasa das flores, quem não é flor é mato. E mato não é bem-vindo àquele lugar. Qualquer semelhança a uma criança rejeitada por ser diferente parece não ser mera coincidência. Mas é a vida que segue.

E, nesse mundo da fantasia, imaginei o que seria o chá com o chapeleiro maluco da vida real. Seria o momento em que a pessoa tiraria dúvidas comuns aos adolescentes trans. A maluquice seria achar que isso tudo é maluquice. Todavia, o caminho dessa pessoa se tornaria cada vez mais perigoso.

Alice enfrenta ainda a intolerância da Rainha de Copas. Para ela, todas as rosas devem ser vermelhas; por isso, as que nasceram brancas precisam se disfarçar de vermelhas. E, quem questionar essa lógica, corre risco de morte. Não por acaso, cabe muito bem comparar a ordem que a Rainha dá – "Cortem-lhe a cabeça!" – com os dados de violência contra pessoas trans no Brasil. Existe ódio nessa trajetória.

Mas existe também amor. Terminamos então falando de amor.

Para mostrar que os caminhos conflituosos no amadurecimento de qualquer pessoa podem terminar bem se houver amor, tracei rapidamente todo esse paralelo entre Alice e os personagens que buscaríamos. Queria contar tudo isso de forma lúdica e impactante.

Fui até o departamento de arte da rede Globo no Rio de Janeiro e apresentei minha ideia a Chico Chagas, Flavio

Fernandes, Marcos Aurélio Silva e Walmor Junior. Eles embarcaram comigo e indicaram os animadores Cesar Coelho e Aída Queiroz para nos ajudar a transformar essa fantasia em realidade. Foi tudo pensado para que o visual contasse também uma história. A opção foi pelo branco como cor predominante, representando a junção de todas as cores. A forma de uma Alice sem um gênero aparente definido.

Juntam-se a esse time os cinegrafistas Marconi Matos e Alex Carvalho e os editores de imagem Cláudio Guterres e Filippi Nahar.

Os detalhes foram pensados por essa equipe. Queríamos que cada imagem da série tivesse muito significado. E tudo isso sendo conduzido pela Renata Ceribelli, que decidiu desde o início contar a história de um ponto de vista leigo. Dessa forma, ela parecia estar sentada numa única roda formada por entrevistados, na TV, e telespectadores, em casa.

Foi por isso que, durante os dez minutos de cada episódio semanal, as pessoas que apareciam na série fizeram parte da família de todos os telespectadores. Essa proximidade provocou diferentes reações.

Inicialmente, parecia que havia apenas entendimento e inclusão. Mas também surgiram muitas dúvidas e medo, que foram se manifestando aos poucos, até virarem instrumento político. E onde não havia compreensão, o espaço foi ocupado pela expressão "ideologia de gênero" – expressão que virou um dos temas mais abordados nas eleições de 2018. Quem diria?

E onde havia medo, fortificou-se o ódio. Desde então, muita coisa mudou na vida das pessoas que apresentamos na TV. Muita coisa mudou no Brasil e no mundo. Eu voltei a fazer uma matéria com pessoas trans no começo de 2020, com mulheres trans e travestis presidiárias. Não cabia uma estrutura de conto de fadas. Seria a realidade mais dura, mais crua e mais realista também. Iria dar mais um passo à frente.

O método usado foi o mesmo. Busquei encontrar na história daquelas pessoas aquilo que dialogava com a minha história. Dessa vez, porém, apesar das adversidades, eu falaria de forma mais forte sobre amor. Amor que ficou simbolizado pelo abraço do médico que fez as vezes de repórter, dr. Drauzio Varella.

Fiz isso sem me dar conta de que não há nada mais transgressor no momento do que o amor. Por isso, reviver essas histórias em forma de livro tem outro significado. Talvez ainda mais importante e forte.

Você provavelmente vai perceber nas próximas páginas como somos diversos e como somos iguais.

Quem sou eu para falar tudo isso?

Não sei.

Julho de 2020

Prefácio de Bárbara Aires

Costumo dizer que ser trans no Brasil é assinar sua certidão de óbito em vida. Sua família não te aceita e te rejeita, você é expulsa de casa, perseguida no ambiente educacional, acaba evadindo por expulsão, não tem emprego e o mercado não te contrata. Você se vê na rua, sem dinheiro, sem apoio e acaba recorrendo para a única opção que a sociedade te dá: a prostituição. Seus antigos amigos somem, os homens não te assumem socialmente enquanto namorada, noiva, esposa, companheira de vida, para formar família. Servimos apenas para encontros furtivos na calada da noite e no sigilo.

Quando a pessoa trans consegue ser a exceção e tem a oportunidade de ter um trabalho, servimos pra ser a colega de trabalho, a cabeleireira que escuta e dá conselho pra cliente, a maquiadora que deixa outras mulheres lindas, a consultora de moda pra deixar mais elegante. Mas não servimos para um jantar em casa, ir à festa de aniversário, ao churrasco de domingo, ao cinema ver um filme, às festividades de fim de ano. As pessoas cis ainda não estão acostumadas a conviver e a lidar com travestis e transexuais no dia a dia.

Travesti é uma palavra de origem francesa e no dicionário consta: "Transformar ou transformar-se de maneira a adotar o vestuário, os hábitos sociais e comportamentos usuais do sexo oposto" (dicionário Priberam). Já significou "disfarçado", a partir do latim *trans* (através) e *vestitus* (vestido). Essa visão equivocada de transformar-se ou usar roupas do gênero oposto, se disfarçar, é muito forte na cultura brasileira. As pessoas não nos enxergam como as mulheres – ou homens no caso de homens trans – que de fato somos. Temos que ficar provando o tempo todo nosso gênero, pois nossa identidade de gênero não é legitimada, seja não respeitando o nome social quando não foi alterado nos documentos, seja nos proibindo de usar o banheiro, fazendo perguntas invasivas ou simplesmente ao nos negar respeito, deslegitimando nossa existência.

Travestis e transexuais ainda são vistas como seres não humanos, não pertencentes. Não é por acaso que o Brasil é o líder no ranking de assassinatos de pessoas trans. Segundo a ONG Transgender Europe (TGEU), houve ao menos 868 assassinatos de travestis e transexuais entre 2008 e 2016 no país, o que nos deixa disparado no topo do ranking com mais registros de homicídios de pessoas transexuais do mundo.[1] Segundo o relatório da TGEU, o Brasil registra, em números absolutos, mais que o triplo de assassinatos com relação ao segundo colocado, México, onde foram contabilizadas 256 mortes entre janeiro de 2008 e julho de 2016. E o Brasil, desde então, se mantém líder no número de homicídios,

---

[1] "Brasil lidera ranking mundial de assassinatos de transexuais. Segundo ONG europeia, em nenhuma outra nação há tantos registros de homicídios de pessoas transgêneras." Disponível em <http://especiais.correiobraziliense.com.br/brasil-lidera--ranking-mundial-de-assassinatos-de-transexuais>. Acesso em: 4 fev. 2021.

segundo relatórios anuais realizados pela Associação Nacional de Travestis e Transexuais (Antra).

É uma dicotomia, pois a nação que mais mata é também a que mais consome pornografia trans no mundo. Anualmente, os maiores sites pornôs do mundo publicam um relatório com as categorias mais acessadas pelos seus usuários, detalhando palavras-chave, celebridades, fetiches e tendências mais buscadas em cada país. O Brasil, que nunca fica de fora dessa lista, demonstrou mais uma vez em 2019 o paradoxo de viver entre o desejo e o ódio em relação às travestis e transexuais. O primeiro ano em que o site RedTube colocou o Brasil como o país que mais consome pornografia com pessoas trans foi em 2016. Desde então, estivemos sempre presentes na lista e permanecemos na liderança de outros sites internacionais como o maior público desses vídeos. E por que eu apresento esses dois dados? Para mostrar o lugar em que a sociedade nos enxerga, e compulsoriamente nos coloca. Dessa forma, fica mais evidente o porquê de nos considerarem à margem da sociedade, e facilita entender as vivências que você lerá a seguir, como a minha, e a importância em ocuparmos outros espaços, como ocupei, por exemplo, como consultora da série de um programa do porte do *Fantástico*. Você verá que minha trajetória não foi fácil e que ser a consultora da série foi uma de tantas vitórias que obtive na vida!

O trabalho dignifica, dá sentido à vida, provê o sustento de alguém e é um direito garantido pela nossa constituição. Mas nem todos os cidadãos brasileiros conseguem ter acesso a esse direito e, entre eles, estão as pessoas transexuais. Infelizmente, transexuais ainda têm seus direitos negados por serem vistos como aberrações, anormalidades, por estarem fora do padrão cisheteronormativo. Precisamos humanizar essa parcela da população, transformá-la em cidadã, de fato, com direitos na sociedade, que precisa se acostumar a conviver com travestis e transexuais, naturalizando, assim, o convívio entre os diferentes. Travestis e transexuais ainda são vistas como pessoas imorais, abjetas, sem direitos, e são excluídas e segregadas socialmente, tendo, quase sempre, um emprego informal e sendo empurradas para a prostituição.

Participar da série, enquanto consultora, foi importante para mostrar a mim mesma minha capacidade profissional e provar que posso exercer qualquer função e ocupar todo e qualquer lugar e cargo. Foi muito importante também para minha autoestima e para mostrar a mim mesma que posso produzir e ser útil, e não aceitar conformada o destino social que me é imposto. Foi uma experiência única! Principalmente tendo a consciência da representatividade que é ocupar um lugar como consultora de um programa de credibilidade da rede Globo, sendo parte dessa parcela quase invisível da sociedade brasileira, que precisa resistir a uma rotina de exclusão e violência, trazendo, dessa forma, uma visibilidade positiva para toda essa população. A rotina de ajudar a produção da série com as questões corretas sobre transexuais, na busca das pessoas que aceitassem participar da série contando suas histórias, foi muito boa! É uma sensação de normalidade e humanidade indescritíveis! Esse meu conhecimento e as oportunidades que tive vieram justamente do meu ativismo, que abracei devido à minha dificuldade de inserção no mercado formal. E não é fácil ser uma ativista trans no Brasil. Nossas demandas e especificidades são vistas como questões menores e não têm apoio da população em geral. Muito dessa falta de apoio vem da ausência de informação, que a série e o livro se propõem a trazer, e eu me proponho a levar enquanto ativista!

A importância de termos conseguido produzir uma série com vivências trans, em que as próprias pessoas trans são as protagonistas e narradoras de sua história, é trazer à tona essa necessidade de visibilidade positiva e de humanização dessas pessoas. E tem um valor imensurável a série fazer parte desse processo! Vivemos um momento muito difícil para o ativismo, um momento de defesas radicais e extremismos, e não mais o debate sadio e respeitoso sobre alguma divergência. As ditas minorias são diariamente atacadas e difamadas com mentiras, por exemplo, que buscamos privilégios, quando na realidade buscamos reparação e equidade. Se você conseguir entender isso com o livro, já alcancei meu objetivo, o de levar informação e conscientizar sobre a questão trans.

Acredito que a comunidade trans vá receber o livro muito bem e de forma positiva, pois a equipe de produção da série teve a preocupação em ter uma pessoa trans como colega, entenderam o lugar de escuta e refletiram sobre o que foi passado. Isso reflete no livro, na forma como a Renata e o Bruno apresentam as histórias. E, sem dúvida, o resultado final, tanto da série quanto do livro, só foi possível porque a equipe teve essa sensibilidade.

Espero que goste das histórias, se sensibilize, entenda e respeite, pois não queremos aceitação. Ninguém é obrigado a aceitar nada, mas é obrigado a respeitar.

Boa leitura!

Outubro de 2020

Prefácio de Cristina Serra

No primeiro semestre de 2017, acompanhei atentamente a exibição da série "Quem sou eu?", no *Fantástico*, com histórias de pessoas transexuais no Brasil. Foi um trabalho primoroso da Renata Ceribelli e do Bruno Della Latta, meus colegas na redação do programa. As reportagens foram conduzidas com extrema sensibilidade e delicadeza, apresentando na TV aberta um tema pouco conhecido pelo público brasileiro e envolto em várias camadas de ignorância, preconceito e mistificação.

O bom jornalismo – o que merece essa qualificação – não pode ter medo de andar no fio da navalha. Não pode se eximir do seu papel de mergulhar em assuntos de grande complexidade e de provocar reflexão sobre conceitos, comportamentos e visões de mundo aparentemente cristalizados na sociedade. Para ser relevante, o jornalismo tem que correr riscos, como foi o caso da série, que mostrou à audiência aquilo que talvez ela não esperasse de um programa "família" no domingo à noite.

Eu sempre digo que, na essência, jornalismo é fazer perguntas e trazer respostas. E foi exatamente isso que a

Renata e o Bruno se propuseram a fazer partindo de uma questão essencial: "Quem sou eu?". Os dois, com a produtora Nunuca Vieira, encarregada dos primeiros contatos com as pessoas entrevistadas para a série, nos trouxeram um universo de humanidades a um só tempo sofrido e doloroso, mas também rico em amor e com uma extraordinária coragem de quem enfrentou tudo e todos para encontrar seu lugar no mundo.

Coragem também de se expor em rede nacional, dispostas a romper o véu da invisibilidade e a enfrentar as mais diversas reações. Muitas pessoas trans aprendem desde cedo que ser "diferente" pode levar a uma vida de martírios inimagináveis para a grande maioria. As humilhações na escola são apenas o começo de um calvário de abusos, rejeição da própria família, isolamento, angústias e violências que, não raro, chegam ao extremo de assassinatos e suicídios.

O cotidiano da pessoa transgênera é cheio de armadilhas. Acontecimentos banais, como a ida ao banheiro de um restaurante ou a apresentação de documentos num guichê podem gerar constrangimentos que são um massacre na autoestima. A série teve o grande mérito de dar a oportunidade para que homens, mulheres e crianças trans contassem suas experiências de vida e como foram capazes de superar a corrida de obstáculos para encontrar sua identidade de gênero, afinal. Em cada história, vê-se um itinerário único de descobertas de si próprio.

Outra virtude desse trabalho foi elucidar o que a ciência sabe a respeito dos indivíduos transexuais. E a constatação mais importante: que pessoas trans nascem trans. Não se trata de uma escolha ou de influência do meio em que a pessoa foi criada ou como foi criada. A pessoa trans se sente prisioneira de um corpo que não reconhece como seu diante do espelho.

Resolver esse conflito de identidade terá um grau maior ou menor de dificuldade e sofrimento dependendo do apoio emocional que essa pessoa receberá de quem a cerca: pai, mãe, irmãos, parentes, amigos, coleguinhas da escola, professores, médicos, até mesmo os vizinhos. Todos podem ajudar ou criar barreiras para quem se faz – às vezes desesperadamente – a pergunta: quem sou eu?

Nem todos estão preparados para ajudar a pessoa trans a encontrar essa resposta. A série mostrou como esse caminho é árduo até mesmo para pais amorosos, que ficam atordoados com o medo do desconhecido e inseguros quanto ao futuro de suas crianças, sobre como serão tratadas no mundo lá fora. Na escola, onde estudantes trans muitas vezes precisam abandonar o ensino por não suportar mais o bullying. Ou quando, na vida adulta, têm que deixar um emprego por não aguentar a zombaria e a discriminação de colegas e chefes.

Até que se reencontrem consigo mesmas, as pessoas trans terão que tomar inúmeras decisões fundamentais para as suas vidas: "Quando começar a transição?", "E o tratamento hormonal?", "Fazer ou não a cirurgia?". Cada um desses passos pode ser celebrado como uma vitória se nessa caminhada a pessoa tiver o amor, o respeito e o apoio de quem ela ama. Indivíduos transgêneros precisam ter a certeza de que seu direito à liberdade será assegurado e que poderão realizar seus sonhos em total plenitude. Também que têm o direito de ser atendidos com respeito e dignidade nas unidades de saúde e em qualquer outro lugar que frequentem.

As incríveis histórias contadas na série, as informações científicas e as reflexões sobre a condição das pessoas trans estão agora transpostas para este livro precioso, que traz ainda mais detalhes, bastidores e informações, inclusive sobre a linguagem apropriada quando se fala da condição da pessoa trans. Usar a palavra certa, acredite, faz muita diferença na construção da identidade. E isso vale para todos os envolvidos nesse processo.

Na época da série, lembro de ter encontrado o Bruno na redação e de ter elogiado a condução das matérias. "Conheço esse assunto muito de perto e é exatamente assim como a série mostra", eu disse. De fato, naqueles meses eu estava vivendo em casa o que a TV apresentava. Descobri que tenho um filho trans. Bem, "descobrir" não é a palavra exata. Acho que qualquer pai ou mãe atentos percebem alguns sinais... Mas é difícil definir. Sinais de quê? Eu percebia algo que poderia interpretar como uma perturbação, um desassossego dele. A mim parecia haver alguma coisa fora da ordem. Mas o quê? Achei que fossem conflitos normais da adolescência – quem nunca? –, que era melhor dar tempo ao tempo e ele acabaria superando as dificuldades à medida que amadurecesse. Não passava pela minha cabeça meu filho estar vivendo um conflito de identidade de gênero. Ou seja, ele não se encaixava no corpo feminino em que nasceu.

Até que chegou o dia em que ele me chamou para conversar. Estava com seus vinte anos e me disse com todas as letras que era um homem trans. Explicou-me direitinho do que se tratava, havia pesquisado na internet, finalmente entendera seu conflito, e me recomendou um documentário. Foi de uma maturidade desconcertante. Meu cérebro

Trans 31

fervilhou de perguntas e não pude evitar uma certa decepção comigo mesma: "Como não percebi?", "Por que não conversamos antes?", "Quanto sofrimento eu poderia ter evitado para ele?", "Por que não procurei orientação? Logo eu, que me considero tão bem informada?!", "Por que não tomei a iniciativa de perguntar o que ele estava sentindo?", "Por que esperei que ele viesse conversar comigo?", "Não teria sido mais fácil se eu, a mãe, tivesse me antecipado?".

Ao mesmo tempo, a revelação foi como um clarão de luz! Tudo se encaixou na minha cabeça. Episódios da infância e da adolescência passaram a fazer sentido, coisas que ele dizia, escolhas que fazia. Depois, veio o medo. Sim, senti muito medo que o meu filho sofresse, que fosse alvo de chacota, de discriminação e – muito pior – de violência na rua. Se eu pudesse, trocaria de lugar com ele, foi o que pensei muitas vezes naqueles dias. Eu conseguia imaginar os altos e baixos emocionais que viriam pela frente. Ser e se assumir trans implica mudar a "casca". E isso dá um nó na cabeça de muita gente. As incompreensões podem vir, e vem, de onde menos se espera.

Algumas pessoas me perguntam como foi "aceitar" que meu filho é trans. Eu nunca senti que o estivesse "aceitando". "Aceitar" soa como aprovar ou tolerar alguma coisa que o senso comum desaprova. E eu nunca o desaprovei. O amor pelo meu filho me guiou nessa caminhada junto com ele em busca de sua identidade. Tudo o que fiz foi lhe dar apoio, segurar firme sua mão, como fazia quando ele era criança e dava seus primeiros passos, para que ele conseguisse enfrentar os sobressaltos do processo de transição, que não são poucos. A jornada de Jaime foi também a minha como mãe. Sua perseverança férrea e sua coragem para afirmar sua identidade de gênero são uma lição de vida que me inspira todos os dias. Tal como o meu filho, são pessoas de coragem que você vai encontrar neste livro.

Outubro de 2020

1. Carol

Uma das primeiras entrevistas que realizamos para a série "Quem sou eu?", do *Fantástico*, feita com uma menina trans de cinco anos e seus pais, não apareceu na edição final. A entrevista foi reveladora e interessante, mas a proposta era mostrar o rosto de todos que contariam suas histórias na TV. Embora os pais estivessem seguros com o que estavam fazendo, avaliamos – depois de muita reconsideração – que talvez fosse uma exposição excessiva para uma garota tão nova, com uma segurança que parecia ter sido recentemente construída.

Anderson, o pai, tem hoje 45 anos. Roqueiro e motoqueiro, segue todos os estereótipos visuais e comportamentais de um machão. Mas estava ali pronto para apresentar sua filha à sociedade e dizer com orgulho que era pai de uma garota trans. Hoje, ele é militante da causa e fundou a Associação das Famílias de Transgêneros para acolher e orientar familiares de pessoas trans.

A vida dele e da esposa, Patrícia, parecia que ia tomar outros caminhos em vez de chegar a esse ponto.

Quando Patrícia estava grávida, eles até tentaram arriscar dizer com quem o bebê seria parecido. Anderson reconheceu seu nariz nas imagens disformes do ultrassom que tinham acabado de fazer. Patrícia achou que a criança teria as mãos grandes como as suas. Mas eram só apostas. Na clínica, a única certeza era a do médico: a gravidez evoluía normalmente, e o casal teria mais um menino. Não era o que Anderson esperava, mas não chegou a ser uma decepção. Ele estava na torcida por uma menina, mas sabia que essas coisas não são escolhas. Agora, era decidir se o bebê se chamaria Vicente ou Murilo. Optaram pelo último.

O nome não deixava de ser mais uma decisão importante para o casal, que estava junto havia oito anos. Eles se conheceram num bar em Porto Alegre, onde ela era gerente. Anderson é gerente comercial em São Paulo, mas tinha negócios na capital gaúcha. Já havia sido casado, mas não teve filhos; ela, sim, tinha um garoto de cinco anos, o Júnior.

No primeiro encontro, Anderson jogou algumas cantadas nela, sem muito efeito aparente. Seis meses depois, estavam ela, Júnior e Anderson morando juntos em São Paulo. Foi quando Anderson começou a insistir para que tivessem um filho. E aí nasceu Bernardo.

Dois anos depois, a menstruação de Patrícia voltou a atrasar. Não era alarme falso. Ela sabia o que esperar e já tinha estudado todas as etapas da gravidez. O que a família nem imaginava naquele momento é que dentro do útero de Patrícia acontecia um fenômeno que a ciência ainda não é, até hoje, capaz de explicar completamente.

"O ser humano tem a base genética, a base cromossômica, tudo isso. Quando a mulher engravida, o feto vai evoluindo, e existem linhas de pesquisa do desenvolvimento cerebral e hormonal do feto no útero, entre outras. O cérebro se desenvolve enquanto o corpo também; a genitália [aparece] por volta da décima, décima segunda semana, e a área responsável pela identificação de gênero, por volta da vigésima – primeiro forma-se a genitália, e depois vem a identificação de gênero", diz o dr. Alexandre Saadeh.

Assim, o que acontece com algumas pessoas é que, nesse meio-tempo, o cérebro e a genitália seguem caminhos diferentes. É esse o fenômeno que define uma pessoa transgênera: a pessoa nasce com pênis e uma mente feminina ou, vice-versa, com vagina e uma mente masculina. Essa explicação, Anderson e Patrícia só ouviriam mais tarde, de um médico psiquiatra que procurariam para entender a Carol.

Antes disso, viram a criança nascer e se desenvolver como qualquer outra. Era saudável, meiga e carinhosa. Mumu, como era chamada pela família, aprendeu a andar e a falar exatamente como seus irmãos. Porém, a partir de um ano e meio de idade, começou a apresentar os primeiros sinais de que teria uma infância diferente daquela que os pais planejavam para ela.

O universo culturalmente definido como feminino lhe deixava maravilhada; tudo que encontrava ao seu redor servia para brincar. Adorava colocar a fralda na cabeça e fingir que tinha longos cabelos. Uma fronha amarrada na cintura virava uma saia. Adorava usar as tiaras da mãe, e qualquer tecido se transformava em um lindo vestido de princesa no seu universo lúdico.

As brincadeiras, no começo, não despertaram a preocupação dos pais. "Tudo é lúdico para as crianças", pensava Patrícia. "Ele deve estar focado em algum desenho", se confortava Anderson. Ambos acreditavam que o fascínio era apenas uma fase e que, quando ficasse mais velho, o então garoto se interessaria por carrinhos e bolas de futebol, como seus irmãos.

Quando descia para brincar com os vizinhos do prédio, quase sempre era com as meninas que Carol socializava. Adorava bonecas. A família e os amigos mais próximos notavam seu jeito delicado. "Meu filho foi criado com carrinho porque na minha casa só tem homem. Mas, quando ele ia na casa da minha sobrinha, ele entrava no quarto e via todo aquele universo feminino. Ele brincava, brincava, brincava, e eu pensava: 'Será que isso é porque ele está passando muito tempo com a menina do prédio que a gente mora?'", relembra o pai.

Para o mundo, contudo, os pais tentavam fazer com que o jeitinho especial de Carol passasse despercebido. Foram levando, sem saber como lidar com a situação, na esperança de que as coisas mudassem com o tempo. O tempo passou, mas a "fase", não.

Com cerca de três anos, o convite para a festa de aniversário de um amiguinho se transformou no primeiro grande choque de realidade para a família. Anderson, o pai, avisou à mulher que eles não iriam. "Chegando lá, ele vai ficar pegando as coisas de menina, só vai querer brincar com a irmã do aniversariante", foi seu argumento.

A verdade é que ele já não conseguia lidar com a situação. O pai se sentia despreparado para admitir, diante do mundo, que sua filha era diferente. Junto à sensação de desamparo vinham o medo e a vergonha de a criança sofrer, de ouvir xingamentos, de ser alvo de piadas. Como pai, ele a amava incondicionalmente, mas tudo parecia uma bagunça. Anderson era um trabalhador. Cresceu aprendendo que homem é homem e mulher é mulher. Que para os filhos homens se dá carrinho e para as meninas, boneca. Não havia muito espaço para o que possa existir entre as duas coisas. "O mundo revolucionou. Eu olhei para o meu filho e falei: 'Eu tô vivendo num mundo que não é meu'", lembra.

A cabeça e o coração de Anderson travavam uma guerra. Por um lado, amava tanto Carol que era incapaz de sentir vergonha de seu comportamento diferente. Por outro, não conseguia compreender por que ela agia assim. Pensava que talvez Carol fosse homossexual, mas com tão poucos anos de vida a criança não tem a sexualidade definida. As peças não se encaixavam.

DO CONFLITO NASCE A MUDANÇA

A reação dos amigos ao descobrirem que o casal não levaria Carol à festa de aniversário foi fundamental para que os dois repensassem a maneira com que lidavam com a criança. "Eles disseram: 'Você é bobo. Você tem um filho bonito e saudável. Traga ele pra cá, ele vai ser feliz com a gente. Traga ele para cá que ele vai ser benquisto'", relembra o pai.

O conflito que Anderson sentia era, em grande parte, medo de que Carol fosse sofrer. Queria protegê-la e, ao saber que ela seria aceita, baixou a guarda. "Meus amigos são um bando de homens brutos, barbudos, tatuadores. Um bando de lutadores. Mas eles me abraçaram e eu me senti mais aliviado. Minha briga comigo mesmo diminuiu", relata.

Foi aí que os pais perceberam que precisavam de ajuda para entender o que acontecia com a criança. Àquela altura, o maior obstáculo era a falta de informação. Sem saber nomear o que Carol tinha, a internet foi o primeiro lugar que o casal buscou. "Eu ia na internet e pesquisava: 'Mães que têm filho assim', 'Mães que têm filho com tais características', 'Preciso de ajuda'", relembra Patrícia.

Sem saber exatamente a condição de Carol, os resultados nem sempre ajudavam. Eles não conseguiam encontrar grupos de pais que viviam a mesma situação. O pouco material que encontravam vinha de filmes e documentários. "Achei um documentário, *Meu eu secreto*,[2] e o filme *Minha vida em cor-de-rosa*.[3] Aí eu fui começando a entender um pouquinho o que estava acontecendo", conta a mãe.

Após algumas semanas, Patrícia estava trocando de canal na TV e, por acaso, caiu em um programa de entrevistas em que o psiquiatra Alexandre Saadeh falava sobre crianças transexuais. O especialista explicava que alguns meninos se olham no espelho e se enxergam como meninas, enquanto algumas meninas se veem como meninos.

O impulso imediato de Patrícia foi ligar para o marido no trabalho. "Querido, achei! Eu acho que é isso. Vi um programa na TV". Quando chegou em casa, Anderson foi recebido por um bombardeio de informações: documentários, reportagens e matérias. "Foi aí que eu pensei, achamos! Achamos o caminho da felicidade", conta o pai.

A alegria do casal era justificada: ambos viviam em agonia sem saber explicar o encantamento do então garoto pelo universo feminino, seu desejo constante de estar no grupo das meninas. A fascinação por vestido e cabelo comprido tinha um nome: talvez a criança fosse transgênera.

[2] *My Secret Self* (2007), documentário jornalístico exibido pela TV norte-americana ABC.

[3] *Ma Vie en Rose* (1997), do diretor francês Alain Berliner.

No mesmo dia, Patrícia entrou em contato com o Hospital das Clínicas (HC) de São Paulo, que conta com um ambulatório que atende crianças transgêneras. O primeiro contato com a instituição foi quase um desabafo: "Eu mandei foto e falei tudo que estava acontecendo. Expliquei nossa situação. Fui súper bem acolhida", conta a mãe.

Dali a dez dias, seria a primeira consulta de Carol: uma espécie de triagem para saber se ela seria transexual. O coração estava a mil. Ambos estavam ansiosos e preocupados. Nos documentários, tinham visto que muitas crianças são repreendidas por terem essa condição. "Muitas se suicidam, se machucam, se cortam, e eu não quero isso na minha casa. Eu quero amor, amor, amor... Muito amor", diz o pai.

"Sentei na frente do médico e disse: 'Pelo amor de Deus, me dá um laudo para falar o que é que meu filho tem'". Apesar do apoio e suporte que recebem na instituição e do acompanhamento que fazem com o dr. Saadeh, o diagnóstico não vem tão rápido. O primeiro passo é entender o que está acontecendo com a criança e quais os motivos de a família acreditar que ela vive uma questão envolvendo seu gênero.

O PRIMEIRO AMBULATÓRIO PARA CRIANÇAS E ADOLESCENTES TRANS

O psiquiatra Alexandre Saadeh coordena o Ambulatório Transdisciplinar de Identidade de Gênero e Orientação Sexual (AMTIGOS), vinculado ao HC. O médico foi um dos pioneiros no Brasil em pesquisa e atendimento de crianças transexuais, trabalho que iniciou em 2010.

"No HC, desde 2010, trabalhávamos com a população adulta. Eu já trabalhava havia 27 anos com a população transexual adulta, e eu sempre ouvia que tudo tinha começado na infância e pensava: 'Onde estão essas crianças? Cadê esses adolescentes que não aparecem?'. Saí do ambulatório em que eu trabalhava, montei o meu no HC e aí chegaram essas crianças e adolescentes, e foi aumentando", conta Saadeh. "Em 2015, não recebíamos mais a população adulta, apenas crianças e adolescentes, porque não tinha ninguém trabalhando com elas, fomos pioneiros nisso. O ambulatório do Rio Grande do Sul veio logo em seguida e, em janeiro de 2019, a Unicamp abriu a unidade dela. É pouco tempo", diz.

"Foi bem aos poucos. A primeira criança foi um acaso, quase. A mãe era do interior de outro estado, uma cidade minúscula, e tinha um filho que desde um ano gostava de coisas de menina, enrolava toalha na cabeça, usava acessórios femininos. Com dois anos, falava que era menina. Ela ficou preocupada, levou no pastor, que falou que nasceu menino, cria como homem, e reprimiu. Levou na psicóloga, que repetiu a mesma coisa, e o menino sofrendo", relembra o psiquiatra. "Foi muito bonita a história dessa criança porque os pais fizeram um bem bolado: aqui em casa, você vai ter vestido, boneca, você vai poder ser a menina que quiser. Chegou gente de fora, você volta a ser menino. Seis meses depois, por volta dos três anos de idade, a criança questionou: 'Por que eu não posso sair assim, por que eu tenho que mudar?'. E aí, pesquisando na internet, eles toparam com meu nome, com o ambulatório, ligaram pedindo pra eu ver o garoto e eu falei pra eles o levarem lá. Hoje é uma menina de quase treze anos, tá com bloqueio hormonal, foi a primeira criança a mudar o nome e o sexo na certidão no Brasil", dr. Saadeh complementa.

Ele explica que, ao contrário do que muitas pessoas acreditam, não existe uma influência social no gênero das pessoas. "A criança nasce assim, não tem influência social", explica o médico. Mas uma linha de pesquisa verifica se existe uma influência do meio durante o desenvolvimento do feto no útero.

"Tem uma questão biológica e tem a questão do meio. Transexuais têm uma grande parte do biológico e uma pequena do meio", aponta o médico.

E essa questão do meio, como é?

"Ainda não sabemos todos os fatores. Os indícios levam a crer que alguns estudos da influência do meio, das substâncias que ingerimos desse meio, sobre o desenvolvimento fetal, vão ganhar uma importância cada vez maior, porque isso pode influenciar e explicar uma série de questões que estão faltando à saúde de crianças e adultos da nossa época e das próximas que virão", indica Saadeh.

Apesar de a transgeneridade ser uma questão que já nasce com essas crianças, sua manifestação demora alguns anos. Isso porque é só a partir dos três ou quatro anos que a criança tem cognição suficiente para se perceber como homem ou mulher. Isso vale para todas, independentemente de serem cis ou transgêneras.

É preciso muito tempo e paciência para conhecer melhor o indivíduo e entender o que se passa. "Esse diagnóstico só virá com o decorrer do tempo", explica Patrícia. Enquanto o diagnóstico definitivo não vem, a família participa do grupo de apoio a pais de crianças trans do HC e continua se consultando com o médico.

"Qualquer intervenção médica precisa de um diagnóstico. Se algum médico te passar uma aspirina, por exemplo, ele tem um raciocínio médico, lógico, para te ajudar. Para você entrar com hormônio para fazer a cirurgia, você precisa de um diagnóstico médico", aponta o dr. Saadeh. "Você ter um diagnóstico não significa que você tem uma doença, significa que você tem uma caracterização para o raciocínio médico. A transgeneridade estava na CID[4] porque ali tem todos os diagnósticos; a maioria é de doença, mas nem todos são doenças: tem parto, gravidez gemelar, uma série de situações que não são doenças, mas que podem necessitar de uma intervenção médica", esclarece. Quando esse tipo de condição é detectado, o acompanhamento médico e psicológico é fundamental. Isso porque a própria descoberta de ser trans costuma ser carregada de sofrimento para a criança. Ela percebe que não vai corresponder às expectativas que a família tem dela.

"Na cabeça da criança funciona assim: 'Eu sei que me amam e eu vou fazer essas pessoas que me amam sofrer. Eu sofro, por me forçar a ser quem eu não sou'", explica o dr. Saadeh. "Então o nosso trabalho é junto com a criança, ou o pré-adolescente, e a família no sentido de tranquilizar o ambiente, a pessoa, pra ela poder ser quem realmente é", acrescenta.

A família inteira precisa estar engajada na terapia a fim de que o processo – que é bastante longo – seja o menos doloroso possível. O acompanhamento psicológico também é fundamental para identificar se a pessoa é realmente trans ou se há alguma outra questão.

[4] Classificação Estatística Internacional de Doenças e Problemas Relacionados com a Saúde.

Dada a complexidade da situação, é muito comum a transexualidade estar associada a alguns transtornos de personalidade, fenômenos de depressão, alguns quadros psicóticos, abusos de drogas. "Então há alguns quadros psiquiátricos e psicológicos que a gente precisa cuidar antes de definir o diagnóstico", elucida o dr. Saadeh.

"A importância do acompanhamento psiquiátrico e psicológico não é de dizer a verdade para aquela pessoa, para aquele indivíduo, é de saber quem é essa pessoa, de saber quem é esse indivíduo", diz o médico. "Não somos nós que vamos dizer: 'Você é um homem, você é uma mulher'. É junto com essa pessoa que vai se definir isso e junto com a família, considerando que é um adolescente de doze, treze anos, e que a família tem uma importância enorme, fundamental", acrescenta.

Com o tempo, os conflitos tendem a se transformar em algo menos doloroso para a criança, que, de maneira mais natural, começa a se entender. "Na realidade, a gente não descobre que a pessoa é trans, é uma questão que vem à tona. A pessoa vai dizendo para a gente, vai mostrando quem ela é. Vivendo isso da maneira mais real que ela consegue viver", completa.

Por se tratar de crianças, muitas vezes ainda na primeira infância, um diagnóstico completo leva anos. A equipe multidisciplinar vai acompanhando como a criança se relaciona com os gêneros e, à medida que ela vai crescendo, são estabelecidas estratégias de cuidado e tratamento. Enquanto médicos e psicólogos a avaliam com regularidade, a família toda participa de grupos de apoio.

Quando a criança atinge certa idade, entre os onze e treze anos, uma das estratégias utilizadas é o bloqueio hormonal, isto é, a administração de medicamentos que impedem o desenvolvimento de hormônios sexuais masculinos ou femininos e, consequentemente, a entrada na puberdade. Esse tipo de tratamento também é utilizado em outros casos, por exemplo, quando a criança chega à puberdade de forma muito precoce, aos seis ou sete anos, a fim de se permitir que ela viva a infância – em termos biológicos e sociais – por mais tempo, até por volta dos doze anos, quando seria a idade normal da chegada à pré-adolescência.

No caso das crianças trans, os médicos retardam a puberdade por alguns anos para terem certeza absoluta do diagnóstico. O bloqueador lhe dá mais tempo para amadurecer e se compreender melhor. Isso impede o sofrimento de um pré-adolescente que vê aparecer em si características que não reconhece. Assim, permanece por mais alguns anos sem desenvolver pelos, por exemplo, no caso das mulheres transexuais, ou sem menstruar nem crescer os seios, no caso dos homens transexuais.

Se a transexualidade for descartada, a criança parará de tomar os supressores e o próprio corpo, no momento certo, passará a produzir o hormônio sexual necessário para seu desenvolvimento. Se a transexualidade fosse confirmada, seria preciso aguardar até os dezoito anos para se começar uma terapia hormonal, como definia a lei brasileira. Em caráter experimental, o HC tinha autorização para começar essa terapia mais cedo, aos dezesseis anos. Em 2020, o Conselho Federal de Medicina reduziu de dezoito para dezesseis anos a idade mínima para o início de terapias hormonais.[5]

---

[5] "Conselho Federal de Medicina reduz a dezoito anos idade mínima para cirurgia de transição de gênero". Disponível em: <https://g1.globo.com/ciencia-e-saude/noticia/2020/01/09/conselho-federal-de-medicina-estabelece-novas-regras-para-cirurgia-de-transicao-de-genero-no-sus.ghtml>. Acesso em: 4 fev. 2021.

Quem se identifica como mulher passa a tomar hormônios femininos e vê o corpo ganhar características mais curvilíneas, como alargamento do quadril e crescimento dos seios, e os que se reconhecem como homem passam a ter barba e a desenvolver uma estrutura muscular diferente. No caso das pessoas trans, essa reposição hormonal precisa seguir pela vida toda.

APOIO E COMPARTILHAMENTO DE HISTÓRIAS

No ambulatório chefiado pelo dr. Alexandre Saadeh, Patrícia e Anderson encontraram, sobretudo, acolhimento. Com a participação no grupo de apoio, formado por outras famílias que passam pela mesma situação, eles conseguiram se planejar melhor sobre como as coisas deveriam ser dali em diante, aproveitando os caminhos já desbravados pelos outros pais e mães.

"No grupo você tira dúvidas e escuta muito. Escuta histórias de crianças com cinco, seis, onze, doze, quinze anos. Então a gente vai tentando aprimorar pra quando chegar nos onze anos a gente já saber o que esperar", explica Anderson. "É aquela sensação de 'Ah, não é só comigo'", diz.

Há uma diversidade de histórias nas famílias que participam do grupo. Há aqueles pais que ainda não conseguem compreender e aceitar a condição das crianças. Há os que já estão em um estágio mais avançado e conseguem compartilhar o que viveram. E, para além da questão do gênero, os familiares têm ali um espaço para, inclusive, reavaliarem seus papéis na criação dos filhos.

"A gente vê no grupo que tem mãe que aceita e o pai, não. Então o menino quer andar de menina em casa, mas o pai não quer vê-lo vestido de menina. Aí a criança se exclui do pai e fica só com a mãe", lamenta Anderson. Nessas situações, a criança vive o mundo com o qual se identifica junto com a mãe, mas quando vê o pai fica deprimida, pois gostaria de tê-lo também compartilhando essa experiência. "Eu, como pai, já falo: 'Tem que estar junto, tem que estar presente, tem que acompanhar. Mostrar que você ama seu filho'", conta.

Entre as outras famílias que também frequentam o AMTIGOS, algumas histórias se repetem com frequência. Não são raras as vezes em que os pais tentam forçar seus filhos ou filhas a se portarem de acordo com o gênero com o qual não se identificam, e acabam reprimindo o comportamento das crianças.

HISTÓRIAS SEMELHANTES

"A Larissa tem quatro anos e agora vive como menina, com brincadeiras de menina, se veste como menina. E a gente fica pensando nos quatro anos que a gente ficou forçando ela a ser menino. Porque a palavra é essa: a gente forçava", relembra uma das mães do grupo. Assim como o casal Anderson e Patrícia, esses pais também não sabiam o que era uma criança transgênera até chegarem ao ambulatório do HC. Sem informação, tentavam mudar os gostos da filha.

Larissa foi criada como menino, em meio a muitas dúvidas e incompreensão dos pais. "Eu pensava que era mãe de um menino. Mas de um menino que eu precisava ensinar a gostar de videogame e a jogar bola. Eu nunca precisei ensinar a brincar de boneca. O que era do universo feminino ele conhecia muito bem, às vezes até melhor que a irmã mais velha", relembra a mãe.

As investidas em tentar apresentar o universo masculino para Gustavo antes de os pais entenderem que, na verdade, ele era Larissa, raramente davam certo. Se levavam ao estádio de futebol, a criança não gostava. Se davam brinquedos normalmente associados aos meninos, como bolas e carrinhos, ela rapidamente perdia o interesse. Na hora das brincadeiras, sempre encontrava um jeito de trazê-las para o universo feminino. "Eu tentava brincar com ele de luta, mas aí na hora, ao invés de chutes e rasteiras, ele queria jogar poder. Falava: 'Vou te congelar como a Elza'",[6] lembra a mãe.

Como muitos pais, eles pensaram que Larissa, na verdade, fosse um menino homossexual. Até que, um dia, uma fala dela surpreendeu o casal. "Antes de dormir, sempre fazemos uma oração, pedindo para ter uma noite tranquila, ter um dia tranquilo", conta a mãe. "Aí um dia ele olhou para mim e falou: 'Mamãe, vamos pedir para o Papai do céu pra quando eu acordar ser uma menina, ter corpo de menina'." Desesperada, ela reprimiu o comentário. Larissa chorou até dormir.

A rejeição ao órgão sexual não é uma regra, mas acontece com frequência. "Um dia, a Isa falou pra mim: 'Eu vou pegar uma tesoura e vou cortar meu pintinho. Tudo em mim mostra que eu sou menina, então, se eu tirar isso, eu vou ser uma menina completa'", comentou outro pai. Hoje, com dez anos, a garota faz tratamento hormonal para impedir que a puberdade masculina se manifeste.

---

[6] Princesa protagonista do filme *Frozen – Uma aventura congelante*, lançado pela Disney em 2013.

"Tem algumas que não encostam, não conseguem limpar. Tem outras que têm uma relação tranquila com seu órgão, já se masturbaram, o que é importante – estimular as terminações nervosas – para ter prazer depois da cirurgia. Não é necessariamente querer extirpar o órgão, é não se sentir bem com ele. É ter a noção de que isso não deveria te pertencer", comenta o dr. Saadeh.

Outra questão que acompanha os pais é a culpa. Culpa por não entender os filhos, por não os aceitar, por os ter forçado a ser algo que não eram. Às vezes, as acusações vêm dos amigos, da família. "Uma vez, uma vizinha chegou em mim e falou que as pessoas se sentiam incomodadas da Isa brincar lá, porque antes era João e agora está vestido de menina", relembra o mesmo pai. "Ela dizia: 'Ele só tem dez anos, por que você não deixa ele crescer para decidir isso?'", conta.

Já consciente de que Isa era Isa, a mãe a defendeu. "Eu falei: 'Se está incomodada de brincar aqui onde ela brinca, vá pra outro lugar'." Muitas vezes, o preconceito impede as pessoas de perceberem que não se trata de uma escolha dos pais. "Eu digo para as pessoas: 'Lembra quando você tinha dez anos: se eu tentasse te botar de vestido, você ia lutar, não deixaria. Então, se ela se veste assim, é porque se sente bem'", diz a mãe.

A percepção das crianças sobre a confusão que muitas vezes existe em seu entorno é limitada, especialmente entre as menores. "Uma vez, a Isa foi brincar na casa de uma amiguinha e depois a menina perguntou para a mãe: 'Por que a Isa tem pinto?'. A mãe explicou e ficou tudo bem. Acho que uma criança de quatro anos não percebe quando as pessoas olham atravessado, fazem piadas ou são grosseiras", reflete.

Já com dez anos, essa percepção começa a ficar mais clara. "Da escola, por exemplo, às vezes ela chega superchateada.

Ela diz que foi brincar com fulano, mas ele não quis brincar com ela. 'Ele fala que eu sou menino, que eu não sou menina'", relata a mãe.

MURILO APRESENTA CAROL

Foram as histórias de crianças e suas famílias lutando diariamente em busca de aceitação e compreensão que inspiraram Anderson e Patrícia a mudarem de atitude com Carol. "Um dia eu peguei uma roupa de bailarina e falei: 'Quer ser feliz, vamos lá', e desci com ela para o parquinho. Todo mundo ficou olhando, foi a primeira vez que ele saiu de casa como ela", diz.

Aos poucos, Murilo começou a dividir o mesmo corpo que Carol. Antes de sair para brincar com sua roupa de bailarina, os pais passaram a permitir que a criança usasse roupas femininas em casa. Aos poucos, os carrinhos foram dando lugar às bonecas e uma nova identidade começou a desabrochar.

O nome "Carol" foi uma escolha da própria criança. "Em um dado momento, ela começou a falar que queria ser chamada por outro nome, por um nome de menina. Aí eu perguntei que nome ela queria e a escolha foi Isa, o nome do personagem de um desenho que ela assiste", explica Patrícia. "Eu falei que já tem uma Isa, que é a namorada do Juju [o filho mais velho do casal], e ela decidiu: 'Pode ser Carol, mamãe?'", lembra.

"A indicação dos médicos é de que nós devemos deixar livre. Se ela não se incomodar de ser chamada de Murilo, a gente deve chamá-la assim, se pedir pra ser Carol, a gente chama de Carol", explica a mãe. É apenas quando tiverem um diagnóstico mais definitivo que poderão iniciar o uso de bloqueadores de hormônio e começar o tratamento.

Às vezes, quando perguntada se ela se considera menina ou menino, a resposta é simples: "Os dois", fala com tranquilidade. "Na hora em que eu vou dormir, eu sou Murilo. Carolina é quando eu vou brincar lá embaixo."

Em outras, para a mesma pergunta, responde diferente.

Se eu te perguntar: "Você é menino ou menina", o que você fala?

"Que eu sou menina."

Você é menina?

"É."

E o Murilo?

"O Murilo é mais bonitinho... Eu não vou dar 'tchau' pra ele, não."

Apesar de admitir que às vezes gosta da identidade masculina, Carol não esconde a preferência pelo universo culturalmente associado ao feminino nas roupas, nos nomes e nas brincadeiras. "Eu brinco com as minhas amigas de boneca. Algumas vezes eu sou o irmão, outras eu sou a irmã", conta.

Nas horas de lazer, as bonecas são companheiras inseparáveis. Carol passa horas cuidando dos cabelos delas, trocando roupas, aplicando maquiagem. "Uma que eu vejo com o cabelo embaraçado eu pego sabonete, detergente. Pego água quente, água gelada. Aí pego creme, amaciante. Ponho isso tudo na água e ponho no cabelo dela. Aí se o cabelo não estiver liso, eu começo a escovar o cabelo dela para ficar bem liso", narra, contente.

Como com suas bonecas, os cabelos longos e lisos são os preferidos para si mesma. "Eu não gosto de cabelo curto. É feio. Horroroso!", exclama.

Mas cabelo curto é de menino?

"É", responde, antes de pedir para a mãe amarrar seu cabelo num longo rabo de cavalo, seu penteado favorito. O mesmo acontece quando é questionada sobre a família. "Eu não tenho irmã, só irmão. A irmã sou eu."

O processo de adaptação da identidade de Carol acontece aos poucos, já que, para a própria criança, a identidade de Murilo ainda existe. Assim, ora o nome Murilo, ora os artigos masculinos ainda são usados pela família e amigos. Na escola ainda é Murilo, que usa shorts masculinos, quem frequenta as aulas. Em casa, nos momentos de lazer, é sempre Carol. "Sempre que eu preciso escrever algo, um bilhete, por exemplo, eu escrevo ele, porque nasceu ele. Mas sempre coloco o '(a)', porque deixa mais claro esse trânsito", conta o pai.

Dessa forma, os pais vêm deixando Carol conduzir o processo, respeitando o tempo dela. Na escola, a própria garota se encarrega de explicar para os colegas as mudanças pelas quais vem passando. "Ela conta para as amiguinhas da escola que em casa, no condomínio, ela é a Carol, que por enquanto ela vai de Murilo para a escola, mas que ano que vem já não vai mais", explica a mãe. "Ela diz: 'A minha mãe ainda não mudou meu guarda-roupa. Ainda não comprou o uniforme de menina'", conta Patrícia.

O que você fala para suas amigas quando elas te chamam de Murilo?

"Eu falo: 'Ah, tudo bem'…"

Você não fala que quer ser chamada de Carol?

"Eu falo 'tudo bem'."

Antes do início do ano letivo, a família se reuniu com a direção e com os professores da escola que Carol frequenta e abriu o jogo quanto ao pré-diagnóstico de transexual de

Murilo/Carol. A recepção da instituição foi boa e, embora na lista de chamada o nome masculino seja o oficial, aos poucos os elementos femininos vão sendo incluídos. "De vez em quando, ela vai de short-saia, o uniforme das meninas, para a gente sentir a reação. De maneira geral, as crianças são tão puras que não há estranhamento", conta Anderson.

Numa visita ao shopping, era Carol quem estava com os pais e, no meio do passeio, encontraram uma amiguinha da escola. A própria criança, de início, se preocupou sobre como seria a recepção. "Ela falou: 'Mamãe, o que eu faço agora?'. E eu disse para continuar normal, para continuar agindo normal", conta a mãe.

"Foi lindo, a menina pegou na mãozinha dela e a abraçou, olhou de novo e a abraçou de novo. Nem comentou nada. Nem se ligou nisso. Depois brincaram e correram. De uma forma superpura", relembra Anderson.

Como ela já avisou na escola que "ano que vem quem vai é a Carol", entre os coleguinhas não é exatamente uma novidade esse trânsito da garota. "Sozinho em casa, ele perguntou para mim: 'Mãe, e se meus amiguinhos rirem de mim na escola?'. Eu respondi que não teria problema. 'Nem todo mundo vai gostar da gente do jeito que a gente é, mas eu te amo, e a sua família te ama do jeitinho que você é'", relata Patrícia.

Para que Carol consiga fluir em sua experiência de maneira mais leve, ter o apoio da família é um aspecto fundamental, que, num primeiro momento, foi buscar na religião uma explicação para o que acontecia. O avô paterno da menina é adepto do espiritismo kardecista. "Ele enxerga as coisas de forma mais natural. O espiritismo acredita que, na encarnação passada, ele era mulher, e agora é homem e está transitando pelo mundo feminino", explica Anderson. A família pretende indicar reuniões do espiritismo para o grupo de apoio aos pais no HC.

Já com a avó, a questão foi mais complicada. "Minha mãe é de outra igreja. Lá, falaram que a Carol estava possuída pelo demônio. Eu já falei logo para a minha mãe que ela estava errada, e ela descartou a igreja. Trata a Carol com o maior amor", relembra o pai. Uma das histórias que mais marcaram a família foi a da bisavó, uma senhora de 93 anos. A bisa só conhecia Murilo e recentemente foi apresentada à Carol. "Ela olhou e falou: 'Cadê o Murilo? Ah, agora está de Carol... Mas, e aí? Vocês estão dando amor? Tá, então tá bom. É isso que importa'", contou.

"Ela é demais. É por isso que é minha vó", relembra Anderson, emocionado.

No fim das contas, independentemente do gênero que prevalecer, a criança veio para ensinar aos pais, para dar lições importantes sobre amor, aceitação e diversidade.

"Outro dia, ele me pintou as unhas do pé. Eu fui buscá-lo na escola de chinelo e com as unhas todas pintadas. Vi que o pessoal ficou me olhando, mas eu só pensei na Carol, no Murilo, que são um só. Ele me ensinou a ficar tranquilo. Eu quase coloquei o pé e falei assim: 'E aí? Não gostaram?'", conta o pai. "Depois da Carol, a gente mudou muito. Em termos de valores, de visão do mundo. E hoje eu sinto que viemos para ajudar muita gente escondida por aí. Muita família que está perdida, não entende os filhos, não sabe o que fazer. Estamos como sábios, falando pra todo mundo que o negócio é esse: 'Aceite e respeite'", completa.

2. Mel

Eu passei pela cancela e entrei em um condomínio de casas de classe média, em São Paulo, com uma equipe completa de reportagem: cinegrafista, operador de áudio, assistente, produtor, editor. Era setembro de 2016. Estávamos todos ansiosos sobre como seríamos atendidos pela nossa entrevistada. Eu estava particularmente preocupada em conseguir conquistar a confiança dela e da família. Afinal, era uma criança de apenas onze anos. Sabíamos que ela tinha sido registrada como menino, mas que, havia menos de um ano, só respondia pelo nome de Melissa – ou Mel, para os mais íntimos – e rejeitava qualquer ligação com o mundo masculino.

Várias perguntas vinham à minha cabeça: "A partir de que idade uma criança tem discernimento para dizer que seu sexo biológico não corresponde a sua identidade de gênero?", "Como uma família reage a uma situação dessas?", "Qual o tamanho do sofrimento dessa criança e de seus pais diante do preconceito que isso gera?".

Quando essa entrevista aconteceu, as pessoas transexuais eram ainda mais invisíveis na mídia brasileira do que são hoje. Em 2017 – coincidentemente, um pouco depois que a série foi ao ar – a novela *A força do querer*, da rede Globo, escrita por Glória Perez, teve uma personagem transexual, interpretada pela atriz cisgênera Carol Duarte. Foi a primeira vez que uma novela no horário nobre da emissora mostrou os conflitos e as dores da transição de uma pessoa transexual.

"Antes, encarei muito preconceito. As pessoas não tinham nenhuma clareza do que era um indivíduo transexual e reagiram como se a campanha anunciada tivesse a finalidade de motivar o público a se tornar homossexual. Não me surpreendeu. Eu quis falar desse tema exatamente porque vi e me comovi com as dificuldades que as pessoas trans enfrentavam (enfrentam). E acredito que só exista uma maneira de vencer preconceitos: despertando empatia. Foi nessa direção que trabalhei a novela", diz a autora.

Glória Perez conta que bolou um artifício para que o grande público sentisse empatia pela personagem: "Se uma condição é estranha ao grande público e você a apresenta de cara, a tendência é rejeitar: 'Essa pessoa não tem nada a ver comigo, não é normal ser assim'. Eu não podia mostrar Ivana na primeira cena dizendo que não se sentia mulher. O público teria um entendimento pronto para isso: 'Ela não quer ser mulher porque é lésbica'. Então, usei um artifício para apresentar a personagem: ela era alguém que se olhava no espelho e ficava incomodada com a própria imagem, se achava desajeitada, estranha. Todo mundo já viveu momentos assim. Aqueles dias em que você não está bem, o que você vê no espelho não corresponde à imagem que você tem de você. Esse conflito, comum a todos, despertou a empatia do público, de modo que, quando Ivana tomou consciência de que era trans, o público já tinha se identificado com ela. Compreendeu, foi solidário, apoiou".

Em 2019, a novela *A dona do pedaço* teve outra personagem trans marcante. Britney foi interpretada por uma atriz transexual: Glamour Garcia.

Poucos programas de TV, especialmente nos canais abertos, tinham se dedicado ao tema. Lembro que, em 2014, eu havia feito algumas reportagens sobre o assunto nos Estados Unidos, onde a discussão sobre a visibilidade de pessoas trans já estava nas escolas, na mídia e até na Justiça. Mas, no Brasil, o conhecimento sobre essas pessoas e sua inclusão na sociedade ainda eram muito baixos. A primeira vez que eu e o Bruno trabalhamos juntos com o assunto foi na entrevista com a modelo Lea T, em 2011. Ela veio desfilar no Brasil pela primeira vez e falou abertamente sobre ser trans e o tempo que demorou para descobrir isso. Filha do ex-capitão da seleção brasileira Toninho Cerezo, Lea me contou sobre sua infância, a demora em saber quem ela era, a dificuldade em entender sua condição, o preconceito que teve que vencer não só dentro da família, como também na escola e na vida.[7]

Na época, ela morava na Itália e estava se preparando para fazer a cirurgia de redesignação sexual na Tailândia, popularmente – e erroneamente – conhecida como cirurgia para "troca de sexo". O seu depoimento tocou muitas pessoas que só conseguiam olhar para uma pessoa trans pelo viés da sexualidade e fez com que muita gente deixasse de lado o preconceito e se solidarizasse com uma pessoa que sofria por uma situação que não escolhera viver. "Eu quero falar que nós existimos. Nós temos um problema, nós vivemos com remédios, nós amputamos nosso corpo... É uma coisa muito forte", disse Lea T na ocasião.

[7] Entrevista disponível em: <https://globoplay.globo.com/v/1441019/>. Acesso em: 4 fev. 2021.

Foi uma entrevista corajosa, já que a maioria das pessoas não sabia o que era ser uma pessoa transexual. E talvez ainda não saibam. Mas o assunto passou a estar muito mais na mídia. Passou a *existir*. Relembro isso cinco anos depois, quando estava indo entrevistar uma menina de onze anos com essa mesma coragem da Lea T. Uma criança que já estava fazendo sua transição de menino para menina, ou seja, já se vestia de menina, já respondia como alguém do gênero feminino, mesmo tendo nascido com a genitália considerada masculina. Desde o primeiro momento, nosso encontro foi incrível. Os seus pais estavam tensos, mas Mel nos esperava toda arrumada, linda, falante, uma criança encantadora e incrivelmente confiante. Estava tudo certo. Nossa entrevistada nos deixou bem à vontade para perguntar, gravar. E nos contou com orgulho, mas também com angústia, a sua história.

PRIMEIRA INFÂNCIA

Nossa conversa aconteceu no seu quarto, decorado com elementos femininos, com nós duas sentadas na sua cama, entre bonecas e maquiagem.

Mel, desde quando você passou a não gostar que te chamassem de Miguel?

"Sempre. Totalmente sempre."

A maquiagem [ela estava com os lábios e os olhos pintados] é para reforçar que você é uma menina?

[Com a cabeça levantada e me olhando firme nos olhos, ela responde:] "Não. Eu sempre me senti uma menina, independente de maquiagem."

Esse foi o início da nossa conversa. Ela me dizendo – mais com os olhos do que com as palavras – que eu tinha muito para aprender com ela. Mel começou a me contar que, desde muito cedo, por volta dos dois ou três anos, não se sentia à vontade com seu corpo masculino. Ela explicava seus sentimentos usando palavras que soavam para mim sofisticadas demais para estarem vindo de uma criança. Estranhei no início. Pensei que talvez ela estivesse sendo influenciada por alguém.

Mas era ignorância minha. Logo entendi que o motivo de Mel falar com tanta maturidade sobre o que é ser uma pessoa trans – um assunto que nem os adultos sabem direito explicar – é porque ela nasceu já com a internet fazendo parte da sua vida. E suas fontes de informação não vinham só dos pais e da escola.

Você se lembra de quando olhou no espelho pela primeira vez e pensou: "Eu tenho corpo de menino, mas sou uma menina"?

"Um dia eu olhei no espelho e meu cabelo estava grande. Foi ali que eu pensei: 'Ainda bem que meu cabelo cresceu, agora eu sou menina'. Eu não deixava ninguém cortar. Cheguei a ficar três horas debaixo da cama, chorando pra ninguém conseguir cortar meu cabelo."

Eu pergunto como a internet a ajudou a se descobrir como uma menina trans e ela me responde simplesmente: "Pesquisando 'menina em corpo de menino'".

Mas nada foi rápido. Seu processo de descoberta começou cedo, porém evoluiu lentamente. Aos três anos, ela se vestia de menino e atendia pelo nome masculino de batismo. Pedia bonecas de presente para os pais, embora não adiantasse. Dos pais, Renato e Karina, só vinham carrinhos, bolas e todos aqueles brinquedos considerados masculinos. Até que um deles, especificamente, foi a gota d'água.

Era Natal, e os pais, já exaustos de verem seus presentes serem recusados, decidiram dar um presente que consideravam neutro. Resolveram então dar para Mel uma sinuca de brinquedo. Ela lembra bem a dor que sentiu. Não era aquilo que ela queria nem o que tinha pedido. Não era aquele tipo de brinquedo de que ela gostava. Por isso, chorou muito e durante muito tempo como protesto por não ter recebido, mais uma vez, o presente de menina.

Foi uma primeira infância sofrida, com sentimentos confusos de solidão e angústia. "Minha mãe conta que um dia eu estava rezando o Pai-Nosso e ela me ouviu pedindo: 'Papai do céu, você me tira do castigo e deixa eu ser menina?'", conta Mel.

Na sua imaginação de criança, ela achava que estar em um corpo masculino fosse um castigo de Deus. E, por mais que tentasse, não entendia o que poderia ter feito de errado para merecer tamanha punição. Mas, ao mesmo tempo, tinha esperança. Acreditava que fosse ser perdoada e que nesse dia, então, finalmente acordaria com o corpo de menina. Só que esse dia não chegava nunca, e Mel foi ficando cada vez mais triste. Pergunto aos pais quando eles entenderam o sofrimento da filha, a sua negação em ser um menino e sua afirmação de que, apesar do órgão sexual masculino, era uma menina.

Quando vocês perceberam que a Mel era na verdade uma menina, e não um menino?

[A mãe se vira para o pai, sentado ao seu lado durante a entrevista, e só com um olhar indica que era ele quem deveria começar a responder à minha pergunta. Renato começa a falar em voz baixa, olhando para o chão, devagar e pausadamente.] "Desde muito cedo, quando ela começava a usar roupas da Karina, sapatos. Eu chegava a falar pra colocar uma camisa minha e ela chegou a usar, mas fazia como se fosse um vestido. Então não adiantava muito."

Sem entender direito de onde vinha aquilo, o pai começou a achar que era uma consequência da convivência maior com a mãe do que com ele, que passava muito tempo fora de casa por conta do trabalho.

E você, nessa hora, ficava bravo?

"Ah, eu ficava... Eu ficava incomodado."

Karina não o deixa mentir:

"Ele ficava bravo, sim. Muito bravo."

"Eu achava que era a mãe que propiciava esse comportamento feminino."

Essa é uma situação bem comum nas famílias com crianças trans: o pai responsabiliza a mãe pelo fato de o filho ou a filha não corresponder às suas expectativas. E muitos casais acabam se separando, tornando ainda mais difícil a vida da criança, que se sente cada vez mais culpada, deprimida, angustiada. Mel relata que chegou a ouvir o pai dizer que deixaria de amá-la se ela continuasse insistindo que era uma menina, e não um menino.

"Ele disse até que mudaria de filho se eu continuasse assim. Eu me sentia acabada, rejeitada", revela a garota.

Como qualquer criança, Mel não sabia lidar com aquilo, já que sentia muita raiva de se vestir com roupas masculinas. Apertando os dentes, ela tenta explicar: "Para mim, eu estava fantasiada de menino até os meus nove anos. Uma fantasia quente e pinicante".

Ela conta também que chegou a pegar uma faca de madrugada para tentar se matar. Mas a mãe corrige, dizendo que foi um pesadelo que ela teve e do qual acordou muito assustada. Por isso, até hoje Mel confunde a realidade com o sonho.

Conforme a filha foi crescendo, Renato não aguentou. Saiu de casa. Viveu um tempo longe da família. Além da Mel, ele e Karina têm um filho menor, na época com três anos. Mel lembra que entendeu a separação dos pais em um sábado. Era o dia em que normalmente o pai abria a porta do quarto, deixava entrar a luz e a acordava com um sorriso. Mas, naquele dia, a porta ficou fechada.

"Os sábados eram sempre dias felizes em casa. Mas deixaram de ser", relembra ela.

Foram apenas alguns meses de separação. Renato logo voltou para casa, determinado a entender o que estava acontecendo com o filho, que dizia ser filha.

Até que, em agosto de 2015, Mel estava prestes a completar dez anos e pediu um presente de aniversário que os deixou ainda mais desnorteados.

"Eu pedi aos meus pais para me transformarem em uma menina", ela conta.

Algumas situações já haviam acontecido para eles ouvirem esse pedido da filha com mais atenção. Principalmente as reuniões familiares, em que alguns parentes sempre comentavam sobre o jeito afeminado da criança. Em uma delas, estavam na casa de um tio por parte de Karina e, mais uma vez, Mel só se interessava pelas brincadeiras das meninas. Um sobrinho de Karina, que estava na festa e já havia se assumido como gay havia bastante tempo, nunca se manifestara sobre o comportamento de Mel. Mas, naquele dia, foi questionado por Karina:

"Eu acho que meu filho é gay, como você. O que você acha?"

"Não, tia, ele não é gay."

O sobrinho de Karina explicou que ele próprio era, sim, um homem gay, ou seja, alguém do sexo masculino com atração sexual por homens, mas que nem por isso se sentia desconfortável com seu corpo masculino. Pelo contrário, gostava de ser homem e de ter atração por outros homens.

"Mas e o meu filho? Se ele não é gay, é o que? Por que ele age mais como uma menina do que como um menino?"

"Porque eu acho que ele é trans, tia. Eu me sinto homem e o meu desejo sexual é por outros homens. Mas o meu primo não se sente homem. Apesar do corpo dele ser de menino, ele se sente menina. Agora, em relação a sua preferência sexual, não dá pra dizer nada ainda. Só quando chegar na adolescência vamos saber se ele vai gostar de meninos ou de meninas."

A conversa não aplacou as dúvidas de Karina. Pelo contrário, só as aumentou. Era tudo muito novo. Com essa conversa na cabeça, debateu com o marido, e ambos decidiram pesquisar mais sobre o assunto. Até aquele momento, não sabiam que a criança já tinha todas as informações que eles ainda nem imaginavam ter.

A INFORMAÇÃO DIGITAL E O UNIVERSO TRANS

Mel faz parte de uma geração que se encontra, forma grupos, discute e tem todo tipo de informação no mundo virtual.

E foi aos oito anos, navegando no computador, que ela descobriu outras pessoas com os mesmos conflitos que os seus. Acabou, então, a fantasia de que aquele desconforto era castigo de Deus. Era um fato. Mel passou a entender também que outras pessoas como ela existiam e ficou, de certa forma, aliviada, pois até então se achava uma aberração da natureza.

Mel passou a participar de grupos on-line de pessoas trans – algumas com sua idade, outras já adultas – e a ter acesso a informações importantes. Aquilo que nem ela nem os pais entendiam, ela aprendeu conversando pela internet com pessoas que viviam o mesmo dilema. Por exemplo, que não era "Papai do céu" que teria o poder de transformá-la em uma menina, mas os tais dos hormônios que as pessoas usavam para modificar o seu corpo.

Em vídeos do YouTube, Mel acompanhava homens e mulheres que, mesmo antes de usar hormônios, faziam a transição. "Transição" é o termo usado quando a pessoa trans começa a viver conforme a sua identidade de gênero, ou seja, muda o nome, as roupas, o cabelo.

Seria muita informação para uma garota de apenas oito anos? Talvez alguns daqueles vídeos fossem, sim, inadequados para uma criança. Mas o fato é que Mel foi se identificando com o que via e ouvia, e isso foi fazendo ela sentir que não estava sozinha no mundo. Existiam outras pessoas que, como ela, também sentiam que estavam em um corpo inadequado, e que isso tinha um nome: transexualidade.

Tudo o que ela queria, diante de tantas descobertas, era contar para seus pais o novo "mundo" que ia se revelando para ela. Queria que eles também soubessem quem era aquele filho que nasceu com a genitália masculina, mas insistia em dizer que era mulher. Queria que entendessem o motivo de suas angústias e infelicidade, porque eles seriam as únicas pessoas do mundo que poderiam ajudá-la. Falar com o pai seria mais difícil, mas na mãe ela confiava. E, depois de muitos ensaios, esse dia chegou.

Era novembro de 2014. Mel assistia à TV e viu um anúncio do *Globo repórter* sobre, naquela semana, o programa ser a respeito de transexuais. Falou com Karina e pediu para ela assistir. Esperou ansiosamente pelo dia do programa e, assim que começou, chamou a mãe com um apelo muito forte.

"Mãe, vem ver esse programa. Eles estão explicando o que eu sinto. O que acontece comigo. Assiste pra você entender quem sou eu", explicou Mel. O pai também se sentou para acompanhar.

Karina conta que, enquanto eles assistiam à reportagem, todas as situações incompreensíveis que eles haviam vivido até aquele momento com a Mel, desde bem pequena – os primeiros brinquedos negados, a vontade de usar as roupas da mãe, de brincar de casinha, os pedidos para o Papai do céu transformá-la em uma menina... –, tudo começava a fazer sentido.

Foi um divisor de águas para eles.

Uma criança com uma maturidade acima da média para sua idade explicava, explicava, e não era ouvida. Mas a ajuda de um programa jornalístico fez os pais entenderem. A informação ajudava na compreensão, porém, ao mesmo tempo, os enchia de outros pontos de interrogação. E agora?

De fato, Renato e Karina aceitaram, ali, que precisavam buscar ajuda para conseguir lidar com aquela situação. E, mais uma vez, foi a criança que mostrou o caminho a eles com aquele pedido inusitado de aniversário.

"Era agosto de 2015, e meu aniversário é no dia dezesseis de janeiro. Aí eu pedi de presente que meus pais me transformassem em uma menina, igual uma menina que aparecia no *Globo repórter* e os pais deixaram ela virar menino. Não queria brinquedo, não queria festa. Queria usar roupas de menina e que passassem a me chamar de Mel", contou a criança.

Os pais, que àquela altura já estavam pesquisando muito sobre o assunto, foram procurar o Instituto de Psiquiatria do HC, o primeiro centro público do país de atendimento a crianças transgêneras no Brasil.

A BUSCA POR AJUDA

Foram meses de espera. No Brasil, nem o setor público nem o privado têm ainda estrutura suficiente para atender às famílias com uma criança transexual. Renato e Karina se sentiam muito confusos. Estavam em busca de mais informação. Queriam um diagnóstico. Uma certeza.

Foram várias consultas com especialistas de diversas áreas do HC – psicólogos, psiquiatras, endocrinologistas – até a conclusão de que possivelmente Mel era, sim, um caso de criança transgênera: alguém que não se identifica com o gênero de nascimento, no caso, o masculino. Mas, assim como Carol, do primeiro capítulo, o tempo era necessário para se ter certeza e, só depois, começar o tratamento hormonal, que no Brasil só era permitido a partir dos dezoito anos.

Como é um caminho sem volta, a decisão médica de prescrever hormônios, nesses casos, leva muito tempo.

A recomendação para Mel foi o procedimento padrão: submetê-la ao bloqueio hormonal durante a puberdade, para evitar o desenvolvimento das características sexuais masculinas. Enquanto isso, ela passaria por tratamento psicológico e faria avaliação psiquiátrica para ter a plena confirmação de que é realmente trans, para só então começar a hormonização.

Esse processo é uma tentativa também de evitar consequências graves e até comuns entre crianças e pré-adolescentes trans, como o suicídio. É que nessa fase, com a modificação do corpo, o drama desses jovens aumenta muito. E não basta dar apoio psicológico à criança, é preciso também ajudar os pais a lidarem com essa situação. A família toda tem que ser assistida.

E assim foi feito. Mel passou a ter atendimentos semanais no Instituto de Psiquiatria do HC e, no mesmo horário, os pais se reuniam em outra sala do hospital com famílias que viviam a mesma situação. E não eram poucas.

Eu tive autorização para participar de uma dessas reuniões com a minha equipe. Naquele dia havia cerca de trinta pessoas na sala: pais e mães sozinhos e também casais. Nem todos concordaram em ser gravados, mas permitiram a nossa presença com a condição de que não aparecessem na reportagem.

Eram pais e mães com as mesmas dúvidas, os mesmos medos, os mesmos constrangimentos, em uma busca ansiosa por respostas às mesmas perguntas: "Por que meu filho ou minha filha é assim?", "Isso vai mudar?", "Onde eu errei?", "De quem é a culpa?".

No rosto de cada um deles, a nítida sensação de impotência. A maioria ali nunca ouvira falar em pessoas transexuais. Muitos ainda olhavam com preconceito qualquer identidade de gênero que fugisse do que conhecemos como sendo "normal": homem agindo como homem e gostando de mulher; e mulher agindo como mulher e gostando de homem. Mas não era mais possível fingir que não viam o que estava acontecendo. Estavam vivendo dentro de suas casas tudo aquilo que sempre reprovaram ou simplesmente ignoraram na sociedade.

"A questão da transgeneridade mexe com uma coisa que é muito estabelecida para todo mundo", aponta dr. Saadeh, referindo-se ao entendimento que se tem por homem e por mulher. O médico explica, contudo, que se trata de algo subjetivo e que é preciso ampliar as possibilidades. "Só o sexo explica? Não. O comportamento? Não. O desejo? Não. É você que vai explicar, e isso gera um incômodo, porque não tem um padrão. Porque durante séculos fomos criados em determinados padrões", diz. Ainda de acordo com o especialista, "não existe nada mais cis e heteronormativo do que pai e mãe".

Ele segue, revelando que as percepções dos indivíduos que recorrem ao HC se modificam a partir do contato com a realidade da transgeneridade: "Por não ser tão material, é interessante observar no ambulatório quando as famílias trazem as crianças, [pois] elas acham que aquilo só aconteceu com elas. Sabem que existe pela internet, pela mídia, mas não têm convivência". Assim, abre-se um caminho de perspectivas novas com as interações: "Quando elas entram nos grupos das famílias e as crianças convivem com outras, existe uma ampliação de possibilidades, de entendimento do mundo do que [vem a] ser o ser humano. As pessoas se tornam melhores. Então, elas ficam menos fechadas em padrões. Tudo é possível e não sou eu quem vai determinar o que o outro vai ser", declara dr. Saadeh.

Pelo menos entre aquelas pessoas que estavam ali, o amor de pai e de mãe falou mais alto, e eles decidiram buscar ajuda. O medo era coletivo. A fórmula mágica que queriam encontrar também era a mesma: como evitar ao máximo que o preconceito tornasse seus filhos e suas filhas pessoas infelizes e excluídas da sociedade.

A mediação desses encontros é feita pelo diretor do Instituto, o dr. Alexandre Saadeh. Ele começa o encontro provocando uma discussão sobre o movimento de negação daquelas famílias. Um pai, lutador de jiu-jítsu, se manifesta. Ele conta que achava que a criança estava imitando o comportamento de algum desenho da televisão ao querer se vestir de menina e brincar de bonecas. E tinha certeza de que ele e a esposa estavam errando na criação do filho. Era o pai da Carol, de quem falamos no primeiro capítulo.

"Por que a gente acredita quando uma criança fala que tem dor, mas não quando fala que é um menino, não menina, como nasceu? Fala 'isso é bobagem, é uma fase, é uma besteira'? A criança está falando dela, e, quando isso acontece, a gente precisa escutar", o dr. explica.

Uma mãe dizia que tinha que mostrar para o filho que, se ele quisesse se transformar em menina, ele sofreria muito com aquilo. Como se exercer a "ameaça" ou "pressão psicológica" sobre o filho fosse fazê-lo reprimir sua própria natureza.

E outra mãe completava:

"Eu achava que meu filho queria se vestir de menina porque era homossexual, gay."

O professor e psiquiatra começa então a dar uma aula básica sobre o que é ser uma pessoa transexual, algo que toda a sociedade já deveria saber.

"Primeiro, tem que saber qual a diferença entre orientação sexual e identidade de gênero", diz o psiquiatra. "A orientação sexual designa quem eu escolho para ter uma atividade sexual, quem me desperta desejo. Se é homem, mulher, os dois, nenhum dos dois. Se você não se importa que seja homem, mulher, se pode ser qualquer pessoa – que é o caso dos pansexuais, por exemplo", esclarece o profissional.

Ele explica que a identidade de gênero é o que realmente define uma pessoa, independentemente do seu desejo sexual.

"A identidade de gênero define se uma pessoa é homem ou mulher. Como ela se sente, se percebe, se vê, se reconhece. Sexo só existem dois: o masculino e o feminino. Transexual é uma pessoa que não se identifica com o seu gênero de nascença. Ou seja, uma pessoa que nasce homem, mas não se sente do gênero masculino. Ou que nasce mulher e não se identifica com o gênero feminino", diz.

Há muita falta de informação sobre o assunto, o que leva o dr. Saadeh a comentar, na reunião, uma situação que chega a provocar risadas na sala:

"Eu já cansei de ouvir dos pais: 'Ah, se meu filho ou minha filha fosse homossexual, ok, mas trans já é demais!'."

Renato, pai de Mel, estava na reunião e deu um depoimento para os demais participantes sobre sua dificuldade em aceitar a situação e sobre o momento em que ele não aguentou mais e saiu de casa, responsabilizando a mãe pela criança ser daquela maneira. Ele assumiu, na frente de todos, que, no início, tinha decidido que a culpa era da mãe.

"Depois que fui me informando, entendi que isso não seria possível. Entendi que a medicina ainda não deu esse poder para a mulher, para uma mãe, mudar a identidade de gênero de um filho ou de uma filha. Que não é questão de opção, né? Meu filho tinha nascido assim e ponto. Eu é que devia aprender a lidar com isso. Mas ainda é muito difícil pra mim…"

Karina começa a chorar quando ouve isso. E diz:

"Não era só ele. Era toda a minha família que me culpava. Todos diziam: 'O jeito afeminado dessa criança, essa história de um menino dizer que é menina, é porque você incentiva. Na minha frente não é assim. Só quando está com você!'."

Renato só foi entender que a esposa não era culpada pelo que estava acontecendo quando começou a frequentar as reuniões no Instituto de Psiquiatria do HC. Saadeh está sempre reforçando essa informação para eles, explicando a genética do desenvolvimento de uma pessoa trans de uma maneira bem coloquial, sem o vocabulário médico, para que todos entendam. Ele repete com frequência:

"No embrião humano, a genitália se forma por volta da décima semana de gravidez. Enquanto isso, o cérebro está em desenvolvimento. Mas, por volta da vigésima semana, se define a área que dá a identidade de gênero. Ou seja, na maioria da população é: genitália feminina com cérebro feminino e genitália masculina com cérebro masculino. No caso dos transgêneros, o que se sabe é que acontece o contrário: a genitália é masculina, mas o cérebro se estruturou como feminino. Ou a genitália é feminina e o cérebro se estrutura como masculino."

O psiquiatra conta que a percepção do gênero só vai se manifestar por volta dos três ou quatro anos de idade, quando a criança atinge uma maturidade neurológica para se comportar como menino ou menina. E complementa: "A explicação científica ajuda a vencer os preconceitos".

Então podemos afirmar, com toda certeza, que uma pessoa transexual já nasce assim?

"Sim. Uma pessoa já nasce trans, não é uma opção, como muitos costumam dizer, nem influência do meio. É preciso que as pessoas entendam que é verdadeiro e que essas pessoas têm direito a uma existência plena, a ser o que são. É muito autoritarismo alguém dizer que você não pode ser assim, definir o que é homem e mulher. Então, entrar em contato com essas pessoas e essas histórias e perceber o sofrimento que é você não poder ser quem você é na realidade, de cumprir um papel social, você ser um ator 24 horas por dia, sete dias da semana, 365 dias no ano e anos a fio; isso é um sofrimento atroz, acaba com a vida de uma pessoa. Ninguém escolheria ser um indivíduo transgênero, por todo sofrimento que isso acarreta a uma pessoa."

Com o início do tratamento no HC, Mel teve a primeira parte do seu pedido de aniversário atendida. Ela ainda não poderia começar a tomar hormônios para transformar seu corpo, mas havia dado o primeiro passo: com o apoio dos pais, começou a fazer sua transição.

Ela não precisaria mais se vestir de menino e também não seria mais chamada pelo nome masculino de sua certidão de nascimento. Karina, a mãe, avisou e explicou toda a situação, primeiro para a família, depois para os amigos e também para os vizinhos: a criança, a partir daquele momento, adotaria o nome de Melissa e o apelido de Mel. E passaria a usar roupas de menina.

Mel conta com felicidade o dia em que a mãe comprou suas primeiras roupas de menina:

"De repente, ela apareceu cheia de sacolas! Eu vesti algumas delas, fiquei linda e pensei: 'Eu sou isso, sou menina'."

Mel decidiu ela mesma contar para seus colegas na escola sobre o início de sua transição:

"Cheguei na frente da classe, ergui a cabeça e falei sobre o que é ser trans, o que é passar por uma transição, que eu iria fazer um bloqueio hormonal antes de entrar na puberdade, enfim, que eu seria menina. E, por isso, que era para ninguém, nunca mais, me chamar pelo meu nome de menino: 'Prazer, classe. Eu sou a Melissa. Mas podem me chamar de Mel'."

No dia 8 de junho de 2017, já com onze anos, Mel deu mais um passo importante: começou o tratamento para bloquear, temporariamente, a sua puberdade.

O QUE É O BLOQUEIO HORMONAL

O bloqueio hormonal é uma forma de impedir que a puberdade se desenvolva. Por isso, só pode ser feito antes da puberdade começar de fato, marcada na menina pela primeira menstruação e no menino pelo aparecimento dos pelos no rosto, engrossamento da voz e crescimento do pênis. Os pais de Mel ficaram atentos aos sinais do corpo da filha para não perder o prazo, e deu certo.

Mel começou a tomar os medicamentos que impedem que seu corpo, de acordo com seu sexo biológico, desenvolva hormônios sexuais masculinos. Isso vai impedir que sua voz engrosse e fique mais grave, que seus testículos cresçam e que os pelos se espalhem pelo corpo e pelo rosto. É um processo reversível: assim que os medicamentos deixam de ser tomados, a puberdade espontânea tende a voltar a ocorrer.

Se, clinicamente, depois de muitas sessões com psiquiatras e psicólogos, for confirmado que ela é uma adolescente trans, o bloqueio é interrompido e tem início outro tratamento, dessa vez para induzir a puberdade de acordo com o gênero com o qual a jovem se identifica.

Apesar de ser uma estratégia defendida por médicos e especialistas, existe um movimento contrário ao bloqueio hormonal.

Foi apresentada na Assembleia Legislativa de São Paulo uma proposta que quer proibir terapias hormonais para jovens transgêneros menores de dezoito anos. A proposta, de abril de 2019, da deputada estadual Janaina Paschoal (PSL), é como uma emenda a um projeto de lei criado no mesmo mês por Erica Malunguinho (PSOL), a primeira deputada trans da assembleia, eleita em 2018.[8]

"Eu a convidei [a deputada Janaina Paschoal] para ir lá conversar com os pais", diz o dr. Saadeh. "Ela foi, foi muito interessante, porque ela se emocionou, elogiou o ambulatório, mas não mudou a postura dela, não se deixou tocar pela história daquelas pessoas. Tanto que ela continua com o projeto", conta o médico.

A oferta de terapias hormonais para adolescentes se baseia em um parecer publicado em 2013 pelo Conselho Federal de Medicina (CFM), em resposta a um questionamento da Defensoria Pública do Estado de São Paulo. Segundo o entendimento do Conselho, a puberdade é um momento crítico na vida de pessoas trans, por ser quando o corpo tende a desenvolver, de forma mais acentuada, características associadas ao gênero com o qual não se identificam. Isso pode causar grande sofrimento para os jovens que não desejam passar por essas mudanças.

De acordo com o CFM, o bloqueio hormonal serve para aumentar o tempo disponível para confirmar o diagnóstico de incongruência de gênero duradoura. "A supressão da puberdade, seguida pelo tratamento hormonal e eventual cirurgia, parece ter inegável benefício para esses jovens",

---

[8] "Como funciona o tratamento hormonal para adolescentes trans. Emenda apresentada pela deputada estadual Janaína Paschoal pode proibir serviços oferecidos a jovens no estado de São Paulo." Disponível em: <https://www.nexojornal.com.br/expresso/2019/09/03/Como-funciona-o-tratamento--hormonal-para-adolescentes-trans>. Acesso em: 4 fev. 2021.

aponta o parecer. Ao jornal *Nexo*, o chefe do departamento de endocrinologia pediátrica do HC, Durval Damiani, afirmou que, em geral, a puberdade, assim como a intervenção, ocorre em torno dos onze e doze anos, mas há exceções em que o desenvolvimento ocorre precocemente, aos oito anos, por exemplo.

Segundo a percepção do CFM, os procedimentos de bloquear a puberdade e, posteriormente, oferecer hormônios evitam que os próprios jovens sofram e busquem tratamentos ilícitos. Além disso, eliminam a necessidade de cirurgias mais invasivas sobre os corpos já plenamente desenvolvidos. O documento ressalta que nem todas as crianças e adolescentes que manifestam incongruência de gênero continuam a se ver dessa forma durante a vida adulta. A estimativa adotada no parecer do Conselho, com base em pesquisas anteriores, é de que 6% a 23% das crianças que apresentam a incongruência de gênero na infância permanecem assim até a idade adulta.

Já a proporção de adolescentes com incongruência de gênero que mantêm esse traço ao longo da vida é maior. O parecer cita um trabalho sobre o tema, de 2010, que acompanhou setenta adolescentes. Todos eles mantiveram a condição na idade adulta. De toda maneira, para aplicar qualquer tratamento e ponderar sobre qualquer intervenção, o documento propõe que crianças e adolescentes com incongruência de gênero sejam avaliados por uma equipe multidisciplinar, incluindo clínicos, pediatras, endocrinologistas e, principalmente, profissionais de saúde mental. Damiani ressalta que o tratamento de crianças e adolescentes trans é endossado nas diretrizes de 2017 da Endocrine Society, entidade que é referência internacional no campo da endocrinologia.

76 Renata Ceribelli e Bruno Della Latta

ARREPENDIMENTO E PRECONCEITO

Quando a reportagem foi ao ar, Mel ainda não tinha começado o bloqueio hormonal, o que aconteceu logo em seguida.

Dois anos depois, em 2019, após algumas tentativas de contato, consigo falar por telefone com Karina, mãe de Mel. Sabia que sua filha já estava em tratamento com os supressores e pergunto se ela está bem. Mas me surpreendo com a resposta.

"Não, ela não está bem. Ela está entrando na adolescência, e isso torna as diferenças muito mais marcantes. Quando você é criança, você muda de roupa e convive no grupo sem destoar. Mas, quando entra em uma fase em que o corpo começa a falar mais sobre você, fica mais complicado. Veja: as amigas já têm seios, menstruam e têm corpo de mocinha. Mas ela não. A Mel parece uma criancinha no meio delas, entende? E isso está mexendo muito com o emocional dela", explica a mãe. Karina fala de Mel como uma mãe que se sente impotente ao tentar evitar o sofrimento da filha. Afinal, a garota estava com treze anos, idade em que começava a ficar cada vez mais longe dos olhos dos pais e mais perto da realidade fora de casa. "Na verdade, a Mel entrou na adolescência e se deu conta da maldade das pessoas", diz Karina.

Logo depois da reportagem, Mel deu várias outras entrevistas. Participou de um documentário premiado. Abriu um canal no YouTube e saltou de 5 mil para 25 mil seguidores em pouco tempo, algo bastante expressivo para quem estava entrando na adolescência. Mas, ao mesmo tempo que ganhava fama por sua história de vida e pela coragem de ter assumido sua condição de menina trans, no âmbito sentimental, ela se sentia excluída. Na escola, a mãe conta que Mel era aceita para conviver no grupo, mas nunca para ser a namoradinha de alguém. Passou a ouvir frases como: "Você é a mais bonita da classe, mas não serve para namorar porque é um menino".

Ficou pesado para ela ser a pessoa diferente da classe. Apagou seu canal no YouTube, em que contava sobre a transição. Nunca mais quis falar com a imprensa. E pediu para trocar de escola. Mel queria recomeçar sua vida em um lugar onde não saberiam que ela já tinha sido menino. Mas bateu de frente com a impossibilidade de mudar a sua história.

Logo no primeiro dia de aula, a mãe conta que uma menina que estava no fundo da classe perguntou em voz alta: "Mel, você não vai mais postar no seu canal do YouTube? Faz tempo que você não posta…". "Deve ser muito difícil mesmo essa situação. Você está lá brincando e de repente chega alguém e diz que sabe uma coisa sobre você que você não gostaria que ninguém soubesse", diz Karina.

"Na escola, a brincadeira entre os meninos é assim: 'Vamos ver quem ganha a corrida. Quem chegar por último vai ter que ficar com a Melissa'. E nem sempre ela me conta sobre o preconceito que sofre. Acabo ficando sabendo pelas amigas, porque ela está bem fechada", lamenta a mãe. Karina conta também que a filha, para o seu desespero, já pensou em deixar de ir à escola. Uma situação infelizmente comum entre as pessoas transexuais, que depois acabam sem formação profissional, sem emprego, e o preconceito as leva para a prostituição.

Nessa fase adolescente, Mel tem passado por muitos constrangimentos.

A vizinhança, que, em um primeiro momento, aparentava entender o dilema daquela família, agora não parece ser confiável. A mãe de Mel recebeu um telefonema de uma pessoa que dizia ser assistente social, informando ter recebido uma denúncia, vinda do condomínio onde a família mora, de que ela estaria erotizando a filha, travestindo-a desde pequena.

Karina explicou a situação. A assistente social ficou de ir até sua casa, mas nunca apareceu. Foram momentos de tensão. E hoje ela nem tem certeza de ter sido realmente um fato ou um trote de gente maldosa. Outro momento foi quando a família estava de férias em um hotel fazenda em Barretos, interior de São Paulo. Mel participava de um grupo de recreação, quando os adolescentes começaram a se apresentar e a trocar nomes para serem amigos nas redes sociais. Não demorou para alguém procurar por ela no Google, descobrir seu canal no YouTube, suas entrevistas para a imprensa, e a diversão acabar ali. Ela passou a ser zoada pela turma.

Mas o preconceito e o desrespeito não vêm só de pessoas da sua idade. Mel teve que fazer uma cirurgia de fimose, e o médico responsável foi logo dizendo: "Tem alguma coisa errada, Melissa. O que você está fazendo aqui?".

Karina conta que seu coração começou a acelerar quando percebeu que o médico não fora avisado sobre a filha. E teve que explicar, mais uma vez, que se tratava de uma criança trans, que usava um nome feminino, e não o nome masculino da certidão de nascimento. Mas não adiantou. O doutor continuou chamando Mel pelo nome de batismo, o qual ela detesta e implora para que ninguém use. E a situação só foi piorando.

Na sala de cirurgia, Mel se transformou em objeto de curiosidade de médicos e estagiários, que lotaram o centro cirúrgico. Ela foi examinada por pelo menos cinco pessoas.

Karina conta que ainda questionou:

"Mas precisa de tanta gente para examiná-la? Porque a Mel

não deixa nem eu, que sou sua mãe, vê-la nua. Ela se envergonha de ter um órgão sexual masculino. Ela é uma menina!"

Mas não adiantou. O médico disse que todas aquelas pessoas precisavam mesmo estar ali. Mel saiu do hospital muito nervosa. Ficou dias sem ir à escola. Chorava, vomitava, nem banho tomava. Teve que fazer uso de antidepressivos fortes e só conseguiu retomar sua rotina quinze dias depois.

A mãe fez uma reclamação formal contra o médico e sua equipe, e eles foram advertidos. Mas, por mais que ela tivesse pedido, o atestado médico para apresentar na escola saiu com o nome de batismo, e não com o social, o que contrariava a lei:

"O Decreto nº 8.727, de 28 de abril de 2016, garante o direito ao uso do nome social e reconhecimento da identidade de gênero de pessoas travestis e transexuais no âmbito da administração pública federal direta, autárquica e fundacional. Logo, a pessoa travesti ou transexual tem o direito de indicar qual a designação de nome pela qual é socialmente reconhecida."

Em uma viagem de férias com os tios e o primo, Gabriel, Mel foi impedida de embarcar vestida de menina porque seu documento dizia que ela era do sexo masculino. Karina teve que enviar para a agência de viagens o processo na Justiça para provar que ela usa um nome social e está requerendo a mudança nos seus documentos.

Tudo isso tem tornado a vida de Mel muito difícil. E é um retrato do que acontece com todas as pessoas que nascem trans. O lado bom é que ela pode contar com o apoio da família, mas sabemos que nem sempre é assim, pois muitas pessoas transgêneras acabam sendo marginalizadas e abandonadas por terem nascido como nasceram.

A luta de Mel agora é para conseguir a mudança do seu nome nos documentos.

Para isso, ela e a família tiveram primeiro que passar pela psicóloga indicada pela Justiça e também pela assistente social. Ambas, segundo Karina, despreparadas para fazer qualquer tipo de avaliação, a ponto de perguntarem: "Mas ela tem pênis ou vagina?".

Mais uma vez, a família explicou, mostrou reportagens e, felizmente, as duas profissionais deram o laudo positivo, indicando que o melhor mesmo para o desenvolvimento emocional de Mel seria a troca de nome nos seus documentos. A família anexou no processo também o laudo do psiquiatra particular e um parecer da escola.

Mesmo assim, o juiz indeferiu o pedido. Sem levar em consideração os laudos apresentados, o juiz decidiu que Mel é muito nova e ainda não tem conhecimento próprio para dizer quem ela é ou não. O advogado da família está recorrendo.

Ela continua com as sessões semanais de terapia no HC. A família sabe que a luta será para a vida toda. E sabe também que nunca vão desistir de lutar contra o preconceito.

3. Bernardo e Gabriel

Faltavam três dias para a história do Bernardo ir ao ar, quando uma advogada do departamento jurídico da rede Globo questionou se tínhamos a autorização do pai e da mãe para a exibição da entrevista. Tínhamos a autorização da mãe, mas explicamos que o pai foi completamente ausente na criação do filho. Havia mais de dez anos que não falava com o garoto nem o procurava.

Mesmo assim, a determinação foi clara: sem a autorização dos dois genitores, não poderíamos exibir o segundo capítulo da série por completo. Precisaríamos eliminar a história do Bernardo.

Um mutirão foi criado dentro da redação para descobrir o paradeiro do pai. Luciana, a mãe do menino, havia dado só o nome completo dele e poucas pistas. Foi preciso um dia inteiro para localizar a empresa onde trabalhava, então uma produtora foi até lá pessoalmente explicar a situação, sem ter certeza se o pai autorizaria.

Isso gerou expectativa na redação e, principalmente, no Bernardo. Ele tinha dúvidas sobre como o pai reagiria diante da abordagem.

Para o espanto de todos, o homem não demonstrou nenhuma surpresa e assinou prontamente a autorização para o filho participar da reportagem. A notícia veio como alívio para toda a equipe envolvida com a produção da série. E foi como um presente de aniversário para Bernardo, afinal, como falamos na primeira frase do segundo episódio: "Bernardo está fazendo quinze anos".

A ideia do episódio era mostrar como é, para um jovem trans, passar pela puberdade. Para isso, falamos com três pessoas: Bernardo, que vive na periferia de São Paulo; Gabriel, morador do interior de São Paulo, que desistiu de participar da matéria durante o processo; e Andrea, cuja história vamos contar no próximo capítulo.

Bernardo sempre foi Bernardo. Sempre gostou de jogar bola e de empinar pipa. Desde pequeno, preferia seu cabelo bem curto. Em outras palavras, desde muito novo se sentia um menino. Acontece que Bernardo nasceu num corpo de menina. Aos quatro anos, os primeiros sinais da transexualidade começaram a se manifestar.

"Foi quando eu comecei a entender que algumas coisas são de menino e outras coisas são de menina. As roupas e as brincadeiras, por exemplo. Não que existam de fato coisas de menino e de menina, mas que a sociedade enxerga como masculinas e femininas", conta o jovem, hoje com dezessete anos.

Como acontece com muitas pessoas trans, havia uma diferença fundamental entre o corpo que Bernardo tinha e a forma como se enxergava.

"Eu olhava e eu não me via no espelho, via outra pessoa. 'Esse não sou eu', pensava. Nunca gostei desse tipo de roupa feminina, desse tipo de padrão. Eu procurava ao máximo evitar me vestir dessa forma. Não foi uma coisa de eu olhar e pensar: 'Amanhã vou virar homem', não. Eu sempre me vi como menino", explica o rapaz.

Bernardo foi criado apenas pela mãe, Luciana, que também percebia o comportamento do filho como sendo diferente do esperado. Apesar de não entender o que se passava, a mãe tentava dar a ele o máximo de liberdade. "Ele sempre foi muito à vontade pra não ficar assim, dentro dos papéis que são determinados pra menino e pra menina. Então ele ficava transitando, se ele quisesse brincar de boneca ou soltar pipa, isso nunca foi um problema para gente", conta.

Apesar de não saberem dar um nome para aquilo que estava acontecendo, Bernardo e a mãe entendiam que ele era diferente. Assim, aos seis anos, pela primeira vez, Bernardo disse que não era uma menina, mas um menino. A reação inicial foi de desespero. "Eu pensei: 'O que eu vou fazer agora?'. Com essa questão do Bernardo, eu me sentia sozinha, não tinha em quem me apoiar. Então eu decidi buscar ajuda e fui atrás do apoio de profissionais", relembra.

A mãe levou a criança a vários psicólogos, na esperança de que eles pudessem ajudar. Luciana até sabia que existiam pessoas transgêneras, mas jamais imaginou que essa condição pudesse se manifestar na infância.

"Sabia o que era, mas eu não sabia que tinha um acompanhamento pra crianças no Brasil. Eu achava que era uma coisa que acontece na fase adulta, e não ainda criança. Eu não tinha essa informação. Se eu tivesse, garantiria uma qualidade de vida melhor pra ele", conta a mãe.

O problema é que os psicólogos, àquela altura, também não estavam preparados para lidar com a questão nem compreendiam a transexualidade na infância. Ainda hoje, muitos profissionais não entendem. Mesmo o ambulatório do HC, referência no país e onde atualmente Bernardo e a mãe fazem acompanhamento, apenas passou a oferecer tratamento para crianças a partir de 2010.

"Todos me diziam que era uma questão que ia passar. Eles me orientavam que talvez ele viesse a ser homossexual. Nunca ninguém me falou que talvez fosse um caso de transgeneridade", lamenta a mãe.

"Os psicólogos não tinham conhecimento. Eles tentavam entender o que estava acontecendo, o que eu era, mas eu sinto que, no fundo, eles ainda estavam tentando forçar a barra para que eu voltasse a ser menina e parasse de sofrer", conta Bernardo.

O sofrimento se justificava: se em casa não havia problema em se comportar como menino, na rua a situação era diferente. "Achava que estava acontecendo uma confusão dentro de mim, que eu tinha algum problema mental, que não estava entendendo. Eu ficava muito confuso com essas coisas, porque todo mundo me pressionava pra ser uma menina", lembra o jovem.

"Quando ele tinha seis para sete anos, seu sonho era usar cabelo moicano. De tanto que ele insistiu, eu banquei. Falei: 'Você vai ter que lidar com as crianças, com o que elas vão falar de você. Com os adultos, eu lido'", comenta Luciana.

Quando permitiu que o filho cortasse o cabelo, ela já esperava uma reação muito negativa das pessoas, e foi exatamente isso que aconteceu. "Fomos bombardeados pela escola, pelas crianças, pela direção, pela família", conta. As acusações, nesse e em vários outros momentos, eram as mesmas: de que Luciana estimulava a filha a querer ser um menino, que estava tentando torná-la lésbica. "Por diversas vezes, eu me senti culpada, como se eu estivesse passando um exemplo ruim para o Bernardo, uma imagem negativa do que é ser mulher, do mundo feminino", lembra.

A tentativa da mãe de amenizar a rejeição que ambos sofriam se dera por meio de buscar atenuar a imagem masculina de Bernardo sem, com isso, impedir sua liberdade. Na hora de comprar roupas, optava por peças unissex. Quando a criança queria usar algo muito masculino, ela tentava combinar com uma peça um pouco mais feminina.

"Eu tentava negociar. Lembro uma vez que, aos seis anos, ele ganhou uma roupa nova, bem feminina. Eu o enfeitei pra gente ir a uma festa na escola, e ele foi chorando com essa roupa. Eu falei: 'Qualquer coisa, eu estou levando uma pecinha do seu uniforme da escola [que era unissex], e, se acontecer algo, você pode trocar'. Na festinha, a primeira coisa que ele fez foi jogar suco na roupa, e passou a festa com o uniforme da escola", narra Luciana.

"Eu sempre fui 'não, não, não, coisa de menina não'", conta Bernardo. "Daí eu pensei que talvez estivesse sendo chato, talvez eu não estivesse compreendendo a minha mãe também. Aí eu falava: 'Ah, quer saber, vou comprar uma boneca', e pedia pra ela. Ela comprava, eu brincava, mas não me sentia diferente. Continuava sendo o menino que eu sempre fui", explica.

UM CORPO CADA VEZ MAIS FEMININO

As dificuldades da infância se acentuaram muito quando, aos dez anos, Bernardo começou a entrar na puberdade e o seu corpo, a mudar. Na infância, os cabelos curtos e as roupas de menino lhe serviam como um escudo, que lhe garantia um pouco de liberdade. "Se eu chegasse em um lugar e falasse que era menino, todo mundo acreditava", lembra ele. Com os seios crescendo e o corpo tomando formas mais arredondadas, Bernardo viu sua qualidade de vida piorar.

"É muito difícil você ser um homem e ver seu corpo se transformando em uma mulher. Era uma angústia muito grande. Mas, no fundo, eu achava que não podia fazer nada sobre o assunto, então só aceitava e ficava me encolhendo, me escondendo das pessoas. Até que chegou ao ponto em que não dava mais pra esconder. Começou a fazer uma diferença grande, os hormônios começaram a agir muito fortemente no meu corpo, então tudo começou a mudar, a ficar diferente, então ninguém me via mais como um menino", comenta.

Antes da puberdade, Bernardo era visto pelas pessoas que o conheciam como uma menina muito masculina. Mas em sua cabeça a imagem era diferente: se sentia um menino cheio de características femininas, as quais tentava esconder. Com as mudanças da puberdade, foi ficando cada vez mais claro para as pessoas o conflito em que vivia. "Todos passaram a me ver como uma menina que estava tentando ser um menino, o que não era verdade", lamenta o rapaz.

A reação de crítica e julgamento das pessoas começou a se acentuar. Na escola em que estudava, os olhares tortos passaram a se traduzir também em violência física e psicológica. "Nessa época, eu tinha cabelo curto e usava roupas um pouco mais masculinas. Na escola ninguém me entendia e muita gente vinha me perguntar se eu era menino ou menina. O pessoal vinha e falava: 'Você pode ser sapatão lá onde você estudava, mas aqui você não vai ser, não'. Vinha muita gente e me empurrava, puxava a minha calça pra ver o que tinha dentro... Ninguém nunca conseguiu, mas todo mundo puxava a minha calça. Tinha gente que me batia por causa disso. Eu sofri muito nessa época...", conta Bernardo.

Incapaz de lutar contra a incompreensão que vinha de todos os lados, o garoto simplesmente desistiu. Fechou-se na sua solidão e aceitou a imagem que a sociedade exigia dele. Deixou o cabelo crescer e mudou o guarda-roupa para peças mais femininas. Era um menino se escondendo em uma menina para fugir do preconceito. "Eu mudei meu visual, mas não meu jeito. Eu continuei sendo quem eu sou, mas disfarçado", relata.

Enquanto isso, Luciana acompanhava o sofrimento do filho, sofrendo junto. "Era uma angústia muito grande, mas no fundo eu achava que não podia fazer nada sobre o assunto. Então, só aceitava o que a sociedade impunha", lamenta a mãe.

Certo dia, no caminho de mais uma das sessões de psicoterapia que frequentavam, na esperança de aplacar o sofrimento e a incompreensão, Bernardo chamou a atenção da mãe:

"Mãe, vamos parar porque eu preciso comprar brinco, preciso chegar de brinco."

"Mas por quê?"

"Porque eu prometi para minha psicóloga que eu vou usar. Vou usar brinco."

Bernardo queria usar o acessório, não porque se sentiria mais bonito ou passara a se identificar com a moda feminina, mas porque se sentia pressionado pela terapeuta. Ela insistia no assunto e, naquele dia, Bernardo desistiu de resistir e resolveu usar brinco, apenas para que ela parasse de falar. Nunca sentiu que queria fazê-lo realmente.

Aquele foi o momento da mudança na forma como a mãe enxergava o caminho que estavam tomando. "Foi quando eu percebi que não era daquela forma. Eu pensei: 'Não estou levando o Bernardo pra se curar de alguma coisa, pra voltar a ser menina. Não é nada disso. É pra gente entender o que está acontecendo'", lembra.

A mãe decidiu voltar a procurar ajuda e acabou conhecendo o ambulatório do HC. Lá, a partir do acompanhamento sistemático feito por uma equipe multidisciplinar, Bernardo foi diagnosticado como um homem transgênero e iniciou o processo de transição.

"Eu me sinto culpada, porque acho que falhei em alguns momentos. Eu poderia ter buscado antes essa ajuda que ele tem com o serviço de psiquiatria, esse acompanhamento que ele faz hoje. Poderia ter buscado na infância já, assim ele teria passado por uma puberdade bem mais tranquila", reflete a mãe. "Eu poderia ter buscado o bloqueio hormonal, né, para que ele pudesse não ter tanto essas questões que o angustiavam e ainda o angustiam. Faltou informação pra mim na época, e eu me senti culpada quando cheguei já com Bernardo passando pelo auge da puberdade, no auge da dor que ele sentia... da angústia, da disforia. Eu cheguei no HC com ele assim e pensei: 'Por que eu não busquei antes isso pra ele? Por que eu esperei doer tanto?'", lastima.

CONQUISTANDO A VIDA DE VOLTA

A partir do início do tratamento, uma mudança radical tomou a vida de Bernardo. Pela primeira vez desde a puberdade, ele voltou a se sentir livre para viver de acordo com seus próprios sentimentos e começou o processo de transição, assumindo de vez as características masculinas e abandonando o lado feminino.

Com o cabelo raspado e a certeza de que é e sempre foi um homem, o adolescente se sente mais à vontade, inclusive com questões que antes o incomodavam profundamente. "Eu uso alargador, por exemplo, que não é exatamente um brinco. A questão é que hoje em dia eu não tenho problema com acessório. Antigamente eu me sentia muito menos masculino se usasse, porque eu achava que eu tinha muito pouca masculinidade, que eu tinha cara de menina. E tinha mesmo, mas hoje em dia eu já não me vejo assim, eu já não sou tão inseguro com a minha masculinidade. Então tudo bem se eu usar um brinco", declara.

A mãe, Luciana, percebe que, apesar da dificuldade pela qual passaram, a liberdade que, na medida do possível, sempre tentou dar ao filho foi fundamental para seu amadurecimento. "Hoje, olhando para trás, eu vejo que nós tivemos que trabalhar muito para entender. Mas em pequenas doses. Eu digo 'nós' porque claro que eu participei dessa transição do Bernardo que não começou da noite pro dia. Embora ele tenha se identificado num determinado momento, foi se descobrindo só aos pouquinhos, e eu busquei ter um olhar atento pra isso. Foi um trabalho de todo dia, de estar ali, de observar uma vida inteira dele", relembra.

Essa segurança também impacta os relacionamentos. Antes da mudança, Bernardo tinha muita dificuldade de se relacionar. O simples toque de outras pessoas o incomodava. Hoje, namora com uma mulher. Com o desenvolvimento da sexualidade, o adolescente se descobriu bissexual, ou seja, sente atração por pessoas de ambos os gêneros.

Isso acontece porque gênero e orientação sexual são questões diferentes. Enquanto o gênero está relacionado à forma como a pessoa se reconhece, entre o que é considerado masculino e feminino, a orientação sexual está relacionada à atração afetiva e sexual que ela sente. Homossexual para quem sente atração por pessoas do mesmo gênero, como os gays e as lésbicas; heterossexual para quem sente atração por pessoas do gênero oposto; bissexual para quem sente atração pelos dois gêneros etc.

Dessa forma, as pessoas trans apresentam a mesma diversidade de orientação sexual das pessoas cisgêneras. Tanto os homens cis quanto os homens trans podem ser homossexuais, heterossexuais, bissexuais – como Bernardo – e assim por diante.

"Eu sempre me identifiquei como bissexual, sempre gostei de meninos e de meninas. Para mim, não tem diferença entre os dois. Quer dizer, é claro que tem diferença. Mas eu sempre gostei dos dois da mesma forma", explica o rapaz.

Se, em relação a sua identidade de gênero, Bernardo faz questão de que as pessoas entendam como se identifica, quando se trata da orientação sexual, isso não acontece. "Eu não costumo explicar que sou bi. Se alguém vier me perguntar, eu até respondo, mas só se alguém me perguntar, porque pra mim é irrelevante, pra outra pessoa não vai fazer diferença na vida dela saber que eu sou bissexual", comenta.

Na opinião de Bernardo, a condição de transgênero, que foi uma barreira por tanto tempo, acaba se transformando em um trunfo na hora da conquista. "Eu não diria que atrapalha. Aliás, eu acho que isso me torna mais interessante, até. Porque as pessoas querem algo novo, elas gostam de diferença e eu desperto uma certa curiosidade. E quem for curioso que se atreva em se meter comigo...", brinca.

Em abril de 2018, Bernardo iniciou uma parte importante da sua transição: a terapia hormonal. Depois de seis meses, começou a sentir as diferenças positivas no corpo. "Hoje eu já posso dizer que eu gosto muito mais de mim mesmo, e, além de tudo, a hormonização me deu a força que eu precisava para continuar, porque ser quem eu sou vai ser minha missão até o fim desta vida. Portanto, eu preciso estar preparado para todas as situações que vão existir daqui para frente, e estar preparado para levar isso para as outras pessoas que precisam entender como passar por isso também", conta.

A força também foi fundamental para que Bernardo resistisse ao impacto que as mudanças tiveram. "O momento mais difícil foi no segundo ano do ensino médio. Eu estava prestes a começar a tomar testosterona, e as pessoas, de certa forma, descobriram que eu era transgênero. Por conta disso, muitas ameaçavam me bater, tocavam em partes do meu corpo pra tentar descobrir o que tinha ali. Até mesmo professores me perguntavam se eu tinha certeza do que eu estava fazendo", relata o jovem.

Superado o impacto inicial, e depois de mudar de escola diversas vezes, Bernardo encontrou um lugar onde tem a possibilidade de terminar os estudos sem a rejeição e a violência que viveu outrora. "Hoje está tudo tranquilo. Estou no último ano do ensino médio e a minha escola é muito diferente, as pessoas são muito mais compreensíveis. Por mais que eu tenha passado por algumas situações parecidas aqui, os professores são mais respeitosos, e eu aprendi a lidar melhor com a questão como um todo", comemora.

DO OUTRO LADO DO ESTADO

Enquanto Bernardo se arrisca nos relacionamentos e aproveita uma nova vida em São Paulo, bem longe dali, no interior do estado, em um sítio isolado, Gabriel, de dezenove anos, sonha com uma vida em que poderá se misturar às pessoas sem ser notado, sem se sentir julgado e humilhado. O agricultor mora com o pai em um local afastado da cidade e sua única janela para o mundo é a internet.

As histórias de Bernardo e Gabriel se parecem em muitos aspectos. Ambos, desde criança, não se identificavam com o gênero de nascimento. Os dois resistiram a uma infância de incompreensão e dúvida, amparados pelo amor profundo e incondicional da família. Bernardo foi criado apenas pela mãe, que sempre buscou respeitar a liberdade do filho. Gabriel foi criado apenas pelo pai, João, que, mesmo sem nunca ter ouvido a palavra *transgênero*, jamais pressionou o filho a ser quem ele não era.

Quando Gabriel nasceu, com o corpo de menina, João, então com 44 anos, já não era tão jovem. A identificação entre pai e criança, contudo, foi instantânea. "Muito antes de ele nascer, eu defendo muito ele. Quando era neném, eu levava no hospital, dava remédio. Sempre foi eu. Por isso que até hoje ele é meu neném, eu chamo ele assim", relembra o agricultor.

A decisão de viver apenas com o pai partiu de Gabriel, quando o pai se separou de sua mãe. Na época, Gabriel tinha doze anos. "Meu pai chegou pra mim e falou: 'Estou indo embora. Você vem ou fica?'", e o garoto não pensou duas vezes. Pegou sua mochila e foi morar apenas com João, que na época trabalhava como pedreiro. "Meu pai sempre me tratou como eu quis. Se eu queria jogar bola, ele jogava bola comigo. Se eu queria soltar pipa, meu pai soltava pipa comigo. Eu não queria vestir um vestido, meu pai não me obrigava a vestir um", conta o jovem.

Quando os primeiros sinais de que Gabriel não se identificava como menina começaram a ficar mais evidentes, a relação tão próxima passou a ser vista com maus olhos pela sociedade. Para a família e as pessoas mais próximas, era o pai quem influenciava a criança a se comportar daquela maneira. "Na época da separação dos meus pais, eles decidiram me levar no psicólogo. Chegando lá, o psicólogo nem quis saber da questão do meu gênero. Falava: 'Você tem que mudar, você tem que ficar com a sua mãe, porque a sua mãe vai te tratar do jeito certo, o seu pai não está te tratando do jeito certo'", relembra.

O preconceito vindo dos próprios parentes também afastou pai e filho do restante da família. "Se me ridicularizavam em festas, alguma coisa familiar, ele não deixava ninguém falar mal de mim. Meu pai é meu herói, não tenho do que reclamar", diz Gabriel.

"Eu já briguei por causa dele, sem nem saber que era transgênero. Eu briguei muitas vezes, até com parente da gente. Ele foi numa festa um dia e não quis pentear o cabelo. Tacou uma boina na cabeça e foi de calça jeans, tênis fechado, blusa fechada e foi nessa festa. Chegou lá, e começaram a rir dele. Ele abriu a boca para chorar lá no meio. Aí, quando ele chegou em casa e me contou, na mesma hora eu fui tirar satisfação de quem tinha rido dele", relata João.

O cuidado do pai, contudo, não conseguia proteger Gabriel de todos os ataques que sofria. Na família, João logo ia em socorro do filho. Na rua, fazia questão de levá-lo à escola todos os dias. Porém, quando estava dentro dos muros do colégio, o jovem vivia um martírio.

"Na escola, eu sofria muito bullying. Eu era sempre aquele que era excluído. As pessoas não gostavam de se aproximar, fazia tudo sozinho ou não fazia. Se tinha alguma atividade em que precisava sentar com outra pessoa, eu era sempre o que ficava sozinho. As pessoas não gostavam de viver perto de mim muitas vezes, porque viam o que eu sofria e achavam que, se se aproximassem de mim, sofreriam também", relembra.

"Eu fui desenvolvendo um medo de olhar para as pessoas. Sempre senti um olhar muito duro pra cima de mim, e parece que uma parte de mim começou a responder a isso. Eu comecei a não olhar para as pessoas, porque aquilo me machucava. Eu sabia que elas estavam olhando pra mim de um jeito que me incomodava. Me julgando", explica o rapaz.

A percepção de Gabriel é de que ele não era bem-vindo. Quando, já na adolescência, os colegas começaram a frequentar festinhas, ele nunca era convidado. O colega que lhe ensinava violão se afastou, sem aviso ou explicações, quando passou a ser motivo de chacota. O jovem se refugiava nos estudos. Tirou boas notas, virou o melhor aluno da escola. Ganhou medalha de honra ao mérito e placa.

"Isso pra mim sempre foi um refúgio que deu certo, porque, se não tinha o que fazer, eu estudava. Eu não tinha outro lugar para ir a não ser buscar o estudo, pra me entreter, saber alguma coisa, entender alguma coisa. Passei a tomar gosto por estudar, porque era a única opção que eu tinha."

Os colegas até se aproximavam na época das provas, em busca de ajuda com os exames, pelas respostas das questões.

"Eu considero que era interesse, mas aceitava porque estava disposto a qualquer tipo de aproximação. Então foi uma época em que eu me fechei totalmente e passei a gostar de ser sozinho, porque sozinho eu sabia que ninguém ia me discriminar, ninguém me faria mal algum", explica o rapaz.

VIDA RURAL

Já no fim do ensino médio, a crise econômica minou os trabalhos de João e as contas começaram a se acumular – as principais eram o aluguel e a mensalidade da escola de Gabriel. Ao ser contratado para reformar a piscina de um sítio, surgiu a oportunidade de morar na propriedade e passar a cultivar a terra.

A mudança para o campo, por um lado, aprofundou o distanciamento do jovem com as outras pessoas. Na roça, vive apenas com a companhia do pai. Juntos, cuidam de uma horta de verduras, que são vendidas para a cidade. "Hoje é da horta que a gente tira o nosso sustento, cultivando verduras orgânicas. Cultivamos sem nenhum tipo de produto químico, sem nenhum agrotóxico", conta Gabriel, orgulhoso.

Por outro lado, o que poderia se transformar em solidão foi convertido em paz. "Não me incomodo de ficar sozinho. Enquanto meu pai estava na obra, eu ficava sozinho, sempre fiquei. Sempre que ele saía pra trabalhar, eu voltava da escola, fazia o almoço, os trabalhos e ficava sozinho até a hora de ele voltar. Sempre foi assim, não tinha outra pessoa", explica.

O começo não foi fácil. Acostumado com a cidade, Gabriel chorava. As emoções fortes, típicas de adolescentes, o faziam pensar que a vida tinha acabado. "No início, ele chorava muito. Morria de medo de bicho", relembra o pai.

Embora desacostumado, ali ele estava longe dos julgamentos constantes. Então, o jovem ficou mais calmo e conseguiu respirar um pouco mais aliviado. Desde pequeno, a televisão havia sido a única fonte de informação que pai e filho tinham em casa. Na fazenda, com uma vida mais estável, Gabriel ganhou um computador e, com ele, uma janela para o mundo, janela esta que mudaria sua vida para sempre.

Uma matéria com o ativista e escritor João Nery[9] chamou a atenção do jovem agricultor para a existência de pessoas transgêneras. Apesar da informação, uma questão impedia o adolescente de se reconhecer como trans: sexual e afetivamente, Gabriel se sentia atraído por homens.

"Eu comecei a buscar informação quando ganhei o computador. Na internet, comecei a buscar e achei a palavra *transexualidade*... Aí eu me identifiquei, só que era algo que não explicava totalmente o que eu precisava saber. Como eu vivi a vida toda em cidade pequena, só via casais heterossexuais. Eu achava que, a partir do momento em que eu optasse pela transição, por fazer tudo aquilo que eu quisesse, eu teria que me relacionar exclusivamente com mulheres", relembra.

Ser feliz era o maior desejo de Gabriel, mas ainda não seria possível. Naquele momento, um dilema se passava pela cabeça dele: ou poderia realizar seus sonhos em torno do corpo e da imagem, ou poderia ser feliz ao lado de outra pessoa, em um relacionamento.

---

[9] João W. Nery (1950-2018) foi um psicólogo e ativista trans, conhecido por ter sido o primeiro homem trans a passar por cirurgia de redesignação sexual no Brasil, em 1975. Sua história foi contada trinta anos depois, na biografia *Viagem solitária – Memórias de um transexual*, lançada em 2011.

"Aí eu realmente fui buscar essas informações para entender melhor sobre o assunto e descobri que orientação sexual e identidade de gênero são coisas diferentes, o que eu sou e com quem eu quero estar são duas coisas totalmente diferentes. Eu poderia ser um menino transgênero e também me relacionar com meninos, fossem eles cisgêneros ou transgêneros", esclarece o rapaz.

Ao se descobrir, a aflição de não se compreender mudou de lugar. Agora era o medo da rejeição que o angustiava: o medo da rejeição e do abandono por parte do pai, a figura mais importante de sua vida. "Porque sempre que a gente busca alguma história igual à da gente, geralmente: o pai não aceita, o pai coloca pra fora de casa. Mas eu só tenho ele, não tenho mais ninguém. Se ele me rejeitasse, se ele escolhesse não me aceitar do jeito que eu sou, eu sabia que eu estaria sozinho... Então, foi difícil conseguir falar", conta.

Gabriel começou a se planejar, a buscar o momento ideal, a forma perfeita para ter aquela que seria a conversa mais importante de sua vida. Acontece que nem sempre se tem controle sobre a própria narrativa, e a revelação aconteceu num momento inesperado, em meio a uma briga entre os dois.

SONHO DE VIDA NOVA

Não era incomum a irritabilidade de Gabriel. Descontente com a própria vida, com o próprio corpo, o jovem frequentemente tinha rompantes de raiva quando discutia com o pai. As palavras entre os dois eram ásperas e cortantes. Como o amor também era grande – na verdade, muito maior do que as brigas –, depois de dois ou três dias os ânimos se acalmavam e eles voltavam às boas.

No meio de um desses bate-bocas, João desabafou:

"Desde que você nasceu, eu tenho lutado. Eu só quero te ver feliz."

"Pai, eu não sou feliz."

"Mas por que não?"

A pergunta foi a deixa. Gabriel não conseguia mais segurar, precisava expor tudo que vivia e sentia. Tudo que havia finalmente compreendido. Precisava contar que era um homem trans.

"Não sou feliz, porque não sou o que eu realmente sou. Não expresso realmente o que eu sou."

A partir daí, foram horas de explicações. João nunca tinha sequer ouvido a expressão "transgênero". Porém sua reação foi a melhor possível. O apoio foi incondicional. Mesmo sem compreender ainda muito bem o que acontecia, sentiu que as peças finalmente se encaixavam: havia uma explicação para aquilo que nem ele nem o filho sabiam nomear, mas que causava muito sofrimento a ambos. Para a surpresa de Gabriel, seu pai disse que passou até mesmo a gostar mais dele depois da revelação.

"A relação dentro de casa melhorou 100%, a amizade da gente melhorou. Agora eu sei qual é a questão, antes eu não sabia, não entendia. Agora eu o apoio. Enquanto Deus me der vida e saúde, eu vou fazer tudo para ingressar ele na sociedade sem qualquer tipo de discriminação. Vou dar tudo de mim, o que eu puder fazer pra encaminhar ele na sociedade", declara João. "O caminho para ele é conseguir essa cirurgia, essa mudança de nome. Depois estudar numa faculdade, para ele ser dono de si ou a gente conseguir um dinheiro, montar a sua própria empresa, trabalhar por conta própria", diz.

Resolvida a questão em casa, Gabriel – cujo nome, aliás, foi escolhido com a ajuda do pai – continuou suas buscas na internet, atrás de como realizar seu sonho de adequar seu corpo à identidade masculina. Em fóruns de garotos trans, leu histórias parecidas com a que vivia e compartilhou sua experiência com outras pessoas, especialmente com aquelas que, além de transgêneras, também são homossexuais.

Longe dos grandes centros que oferecem terapia e sem a possibilidade de viajar, Gabriel faz a sua transição como pode. Cortou o cabelo curto – um de seus maiores desejos – e passou a buscar ajuda para fazer com que o corpo finalmente expressasse a forma como se sente.

Como outras pessoas trans, Gabriel precisa de alguns anos de terapia com psicólogos para que a transição física possa ser feita, o que também é um obstáculo onde mora. "E eu tentei um psicólogo particular na minha cidade. Você liga pra um e ele fala que não sabe como me atender, liga pra outro e fala para eu procurar uma igreja, que eu devia procurar uma igreja, não um psicólogo... Aí a gente acaba desistindo, por não ter condição de sair daqui pra uma outra cidade mais longe pra ter esse acompanhamento psicológico", lamenta.

Seu sonho é fazer a mamoplastia masculinizadora: cirurgia de modificação dos seios femininos para um peitoral masculino. Em seguida, pensa em passar pela histerectomia, ou seja, a retirada do útero e dos ovários. "Até por uma questão de saúde, porque a gente não sabe o que acontece. Por conta do tratamento hormonal, pode acontecer algum tipo de atrofiamento", explica. O conhecimento de Gabriel é o mais profundo que a internet e os fóruns digitais lhe permitem ter.

O próximo passo na trajetória do rapaz é a terapia hormonal, fundamental para a grande maioria das pessoas trans. Os hormônios têm uma função reguladora e são eles que fazem com que as características femininas ou masculinas se expressem no corpo. Assim, para Gabriel, é preciso repor a testosterona, que ele produz em pequena quantidade. O tratamento hormonal oferecido pelo Sistema Único de Saúde (sus) está disponível em pouquíssimos hospitais de referência. "Se você quiser marcar uma consulta, demora quase um ano para conseguir vaga", conta.

Dessa forma, muitos jovens trans recorrem à clandestinidade e passam a tomar hormônios por conta própria, desesperados para conseguirem se reconhecer no próprio corpo.

Gabriel teve medo de iniciar esse tipo de tratamento sem o acompanhamento de um especialista e desenvolver algum problema grave de saúde. Decidiu, então, esperar o dia 23 de outubro, quando fez um ano que revelou ao pai ser um homem trans, para iniciar a terapia hormonal. Foi como um aniversário de uma vida nova.

Em um dos fóruns virtuais que frequentava, descobriu o contato de um médico que atendia a distância, pela internet. Essa é uma atividade comum, mas ilegal. "Quando alguém encontra um médico disposto a atender no particular, divulgam o nome pros outros meninos trans também o procurarem. Para mim, foi a melhor opção. Melhor do que começar por conta própria e correr o risco de dar alguma coisa errado. Ele pediu que eu fizesse vários exames e mandasse os resultados para ele ver se estava tudo bem comigo, com meu organismo. Como eu não tenho nenhuma doença crônica nem nenhuma taxa alterada, ele me passou todo o protocolo que eu tenho que seguir, de coisas que eu devo ou não fazer", explica o jovem. Agora ele não poderá mais beber e, a cada três meses, terá de refazer os exames para saber como o corpo reage à terapia hormonal.

Segundo o rapaz, a consulta com o médico é rápida, por não haver um padrão de qual deve ser o nível hormonal de homens trans. "Eles [os médicos] fazem a reposição como se fosse para um homem cis e passam como se fosse pra gente. Então a nossa taxa de testosterona tem que bater com a que seria ideal em um homem cis", detalha Gabriel.

A cirurgia de redesignação sexual é um desejo de Gabriel, mas ainda muito distante. No Brasil, esse procedimento continua nos passos iniciais e é feito em poucos hospitais de São Paulo, Rio de Janeiro, Rio Grande do Sul, Paraná, Espírito Santo, Pernambuco e Goiás.[10] A cirurgia de redesignação sexual de homens trans foi aprovada apenas em 2019 – a cirurgia para mulheres trans acontece desde 2008. A fila de espera, no entanto, pode chegar a até dez anos para que a cirurgia seja realizada.[11] "Aqui é considerado experimental, e pra você fazer fora custa por volta de 80 mil dólares, o que está muito além da realidade que a gente vive", lamenta.

É possível fazer o procedimento inteiramente pelo SUS, mas é preciso ter a partir de dezoito anos e passar, antes, por acompanhamento psicológico. O processo é demorado e só

---

[10] "Como funciona o SUS para pessoas transexuais". Disponível em: <https://drauziovarella.uol.com.br/reportagens/como-funciona-o-sus-para-pessoas--transexuais/>. Acesso em: 4 fev. 2021.

[11] "Cobertas pelo SUS, cirurgias de redesignação sexual demoram até cinco anos". Disponível em: <https://www.uol.com.br/universa/noticias/redacao/2018/08/19/transexuais-ficam-ate-cinco-anos-em-fila-de-cirurgia-de--transgenitalizacao.htm>. Acesso em: 4 fev. 2021.

está disponível nas grandes cidades, o que faz muitos optarem pela automedicação. Segundo o dr. Saadeh, são poucos que recorrem ao serviço público ou especializado.

"Dos adolescentes que chegam no ambulatório, 70% já tomam medicação por conta própria. Às vezes, com dosagens altíssimas e correndo risco de saúde. Muitas complicações podem acontecer por conta disso. Pode até ser que os hormônios tomados de forma desacompanhada nem sejam os indicados para aquele funcionamento metabólico. E uma mulher transexual que toma hormônio em altas dosagens corre o risco, por exemplo, de ter um AVC ou uma tromboembolia", diz o médico.

Em meio a todo esse processo, Gabriel passou no vestibular para engenharia civil na Universidade Federal de São Carlos (UFSCar). Traumatizado pelo bullying que vivenciou por anos na escola, disse para o pai que havia reprovado e não assumiu a vaga. Quando tiver avançado na transição, com um corpo mais próximo daquele com o qual sonha, pretende retomar os estudos na universidade. "Eu quero continuar com a agricultura, uma coisa pela qual eu me apaixonei. Tomei gosto e não quero largar. Eu não quero deixar a terra pra construir prédio, quero fazer os dois", conta.

Ele será, então, daqui a alguns anos, o engenheiro – e agricultor – Gabriel da Silva.

4. Andrea

Meu primeiro encontro com a Andrea aconteceu em outubro de 2016. Cabelos compridos, lisos e pretos, olhar assustado. Ela estava tensa, e sua postura demonstrava isso. Os ombros contraídos e levantados se curvavam para baixo. O corpo permanecia quase imóvel, com poucos movimentos, e uma fala sem nuances, sempre com o mesmo tom e ritmo. Mas, ao mesmo tempo, chamava a atenção sua voz suave, que dificilmente alguém diria pertencer a uma pessoa do gênero masculino.

Andrea respondia às minhas perguntas com clareza e objetividade. Mas eu sentia falta de alguma coisa em tudo aquilo que ela me dizia. Eu não queria só informação, eu estava à procura dos seus sentimentos e, por mais que eu tentasse, não conseguia enxergá-los. As emoções pareciam estar congeladas dentro dela.

Esse encontro aconteceu em Niterói (RJ), na casa onde ela mora com a mãe, as duas irmãs e o cunhado. Andrea, com 21 anos na época, tinha assumido havia pouco tempo sua identidade de gênero, ou seja, sua identificação com o feminino. E, apesar de já se vestir como mulher, ainda era vista por muitas pessoas como homem, e não como Andrea.

Ela era mais uma personagem importante para a série "Quem sou eu?", pois, por meio de sua história, íamos contar para o público do *Fantástico* o que acontece quando uma pessoa trans decide passar pela hormonização: uma intervenção pesada que transforma o corpo, tornando-o mais feminino ou mais masculino, e que também mexe com vários aspectos emocionais da pessoa. É um tratamento que precisa ser administrado e acompanhado por médicos e psicoterapeutas.

Andrea iniciara o processo havia pouco mais de três meses, e os resultados ainda eram bem sutis. Acompanhamos por mais quatro meses os efeitos em seu corpo, até a reportagem ir ao ar. E então se notava um rosto com menos marcas de barba, um corpo com menos pelos e uma pele com textura mais fina.

Mas a maior diferença eu senti mesmo quando a reencontrei, um ano e meio depois, em abril de 2018. A série já tinha ido ao ar e o tratamento hormonal já havia provocado transformações mais visíveis.

Não consegui esconder a minha surpresa quando ela chegou para o nosso encontro usando um vestido longo, com ombros e braços de fora. O rosto não tinha mais os contornos retos, comuns do gênero masculino. Estava mais redondo, menos anguloso. Andrea caminhava mais confiante, de peito aberto, e chegou de mãos dadas com o namorado. Imediatamente lembrei que, quando a conheci, ela dizia nunca ter tido um relacionamento sério. Percebi que teríamos muito assunto para colocar em dia. Foi uma conversa de quatro horas – além, é claro, de inúmeras trocas de mensagens de texto e de áudio –, em que aprofundamos e detalhamos temas

Trans 105

mais delicados do dia a dia de uma pessoa trans, como o início de sua vida sexual.

ANDREA?

Andrea nasceu com genitália masculina e viveu 21 anos como homem, mas sempre se sentindo mulher e, por isso, achando que fosse uma aberração da natureza.

Os traumas começaram ainda na infância.

Até os dez anos, não é possível para uma criança entender e explicar completamente o que está sentindo. E, muitas vezes, falta aos pais o discernimento para compreender o que acontece. Os sentimentos e as dificuldades emocionais da criança aparecem, em geral, em suas atitudes no dia a dia, e os adultos tendem a moldar o comportamento infantil de acordo com a verdade deles, com aquilo que acreditam ser certo ou errado. Assim, por mais que o mundo lhe tratasse como um menino, Andrea conta que ela sempre dava sinais de que gostava mais do mundo feminino.

"Em festas juninas, tem aquela coisa de forçar garotos a dançar com garotas e, nossa, eu odiava, odiava aquilo! Teve uma festa junina em que a minha irmã Daniela estava de vestido de noiva e eu me lembro de ter desejado muito estar com aquele vestido lindo. Só que eu estava com roupas de menino e, para piorar, com aqueles pelos desenhados no rosto imitando uma barba, o que eu realmente odiava", lembra a moça.

Você falava para o seu pai que não gostava quando desenhavam barba no seu rosto?

"Não, não falava."

106   **Renata Ceribelli e Bruno Della Latta**

Você nunca chegou a falar para o seu pai que não se sentia um menino, e sim uma menina?

"Isso não era tão claro assim pra mim. Eu só sabia que não gostava de coisas que pertenciam ao mundo dos meninos e que eu tinha mais vontade de ficar junto com as meninas."

O pai de Andrea tinha um bom emprego quando ela nasceu. Era representante comercial e viajava muito pelo mundo. Porém, foi demitido e passou a trabalhar como taxista. Mais tarde, arrumou um emprego no sindicato dos metalúrgicos de Niterói, o que acarretou uma pequena melhora ao nível econômico da família. A mãe era engenheira civil, mas acabou desistindo da profissão para cuidar dos filhos.

Normalmente, Andrea ganhava carrinhos de presente em datas comemorativas como Natal e aniversários, mas sempre os deixava de lado para brincar com os brinquedos das irmãs. Ela nunca foi repreendida pelos pais por isso, mas começou a perceber que os parentes mais próximos não viam aquilo com bons olhos.

Certa vez, ela ouviu uma conversa entre seus tios que marcou bastante a sua infância. Foi na casa de sua avó, onde suas irmãs tinham uma casinha de bonecas para brincar quando fossem visitá-la. Mas era Andrea quem passava horas brincando de casinha. Naquele dia, sem que ninguém percebesse, ouviu os tios em volta da mesa da cozinha criticando duramente os seus pais por permitirem que ele, o "filho homem", brincasse como se fosse uma menina.

Andrea tinha por volta de sete anos na época e se sentiu muito mal com aquilo que ouviu. Ela conta que foi invadida por um sentimento de ser uma pessoa errada. E várias perguntas vinham a todo momento na sua mente: "Por que eles me acham estranha?", "Por que eu não posso gostar de brincar de boneca?", "Por que eu só posso ganhar carrinhos?". Eram perguntas que povoavam sua cabeça desde muito cedo.

Na escola, era a mesma coisa. Ela só tinha interesse em ficar junto com as meninas. Não gostava de brincar com os meninos.

"Eu achava os meninos violentos porque eles gostavam de brincar de jogar bola um na cara do outro", comenta.

Essas questões fizeram de Andrea uma criança que se isolava de todos, que vivia em outro mundo, onde até os brinquedos eram inventados por ela mesma. Foi a saída encontrada para não deixar pistas que identificassem sua preferência pelo mundo feminino.

"Eu costumava pegar um lenço de seda da minha mãe, enrolava e dava um nó. A parte que ficava maior, com esse nó, era uma cabeça. A parte que sobrava embaixo, solta, era o vestido. E a parte de cima era o cabelo. Eu não falava pra minha mãe que era um personagem que eu criei. Era uma coisa só minha. Uma boneca que eu tinha", lembra Andrea.

Conforme foi crescendo, por volta dos dez anos, foi deixando de lado a boneca e os seus interesses se voltaram para as atividades artísticas, provavelmente por influência do pai, que adorava música e tocava alguns instrumentos.

Andrea conta que seu pai sempre a incentivou em atividades que exigiam mais sensibilidade:

"Eu pedi para fazer um curso de desenho, e ele me colocou. Talvez porque achasse que eu faria arquitetura e isso me ajudaria. Depois disso, eu estava no ensino fundamental, tinha nove anos, e ele me deixou fazer um curso de sapateado na minha escola. Entrei no curso e eu era o único menino da sala. Mas dentro da sala não tive problemas, porque as meninas do curso me aceitavam bem. Eu cheguei a me apresentar no palco e fiz o papel principal. Talvez tenha me destacado por ter sido o único menino."

Só que os alunos fora do curso começaram a fazer piada, e isso se alastrou pela escola. "Começaram a fazer bullying comigo. E a situação foi ficando cada vez pior, porque nem os meninos me queriam por perto, por eu estar sempre buscando atividades de menina, nem as meninas me aceitavam bem nas atividades delas, por eu não ser uma delas. As meninas da escola chegaram a me dizer: 'Você tem que andar com menino!'. Foi quando comecei a me retrair mais e ficar só no meu mundinho. No recreio, ouvia música; chegava em casa, assistia desenho e ficava por isso mesmo. Eu me fechava cada vez mais", relata a moça.

"Até hoje eu não entendi muito bem o motivo de as pessoas, quando estavam em grupo, crescerem pra cima de mim, porque quando elas estavam sozinhas, eu conseguia ter um relacionamento de forma individual, mesmo com aquelas crianças que, na saída da escola, eu sabia que mexeriam comigo."

Andrea conta que nunca se abrira com familiares sobre os casos de bullying que sofria, mesmo que algumas situações chegassem até a diretoria da escola.

As atividades artísticas ajudaram Andrea a suportar o clima pesado na escola e a entender o seu dilema interno, de nascer no sexo designado como masculino, mas se identificar com o feminino. Foi a maneira que ela encontrou para lidar com suas emoções. Mas, conforme a adolescência foi se aproximando, o sofrimento de Andrea tomou outra dimensão. É nesse momento que, normalmente, intensifica-se o sentimento de disforia de gênero entre as pessoas trans.

A expressão "disforia de gênero" é usada para traduzir a insatisfação de uma pessoa com o gênero que lhe foi designado desde o nascimento. No caso de Andrea, a chegada da puberdade colocou uma lente de aumento na sensação de inadequação ao corpo. Seu principal dilema não era mais somente a questão de gostar das coisas do mundo feminino, mas de se sentir habitando um corpo errado, inadequado. Ela passou a entender cada vez mais que pertencer ao gênero masculino não correspondia à percepção que ela tinha de si mesma e o quanto isso a tornava infeliz.

PUBERDADE X DISFORIA

Imagine se sentir como alguém do gênero masculino e, de repente, ver o seu corpo ganhar formas cada vez mais femininas: o quadril e os seios crescerem, e a menstruação chegar. Ou, então, sentir que você é uma mulher, mas seu corpo lhe dizer o tempo todo o contrário: os ombros ficando cada vez mais largos, a voz mais grossa, o pênis e os testículos maiores e os pelos crescendo no rosto.

As alterações hormonais nessa fase da vida tornam a puberdade um período difícil para qualquer um de nós, pois, além de trazerem mudanças no corpo, atingem também o lado emocional. Em uma pessoa trans, o peso desse período pode ser insuportável. Ver-se em um corpo adulto de um gênero que não condiz com a percepção que a pessoa tem de si mesma pode acarretar depressão, ansiedade e autodestruição. Por isso, a incidência de suicídio entre jovens transexuais é alta.

Ao contrário da Mel, cuja história foi contada no segundo capítulo, Andrea não teve acesso a nenhum serviço de orientação para ajudá-la a se entender como pessoa trans.

Consequentemente, nunca teve a opção do bloqueio hormonal e entrou na puberdade sem nenhuma ajuda emocional. Hoje, descreve sua adolescência como um momento muito estranho. Ela conta que, ao mesmo tempo que não gostava de ver o pênis aumentando de tamanho, também não se imaginava com um órgão genital feminino. O que mais mexia com sua autoestima eram os pelos que nasciam e cresciam por todo o corpo, principalmente no rosto.

"Meu pai não tinha aquela presença masculina na minha vida, de mandar eu fazer a barba, por exemplo. Ele dizia que, quanto mais eu fizesse, mais os pelos iam crescer e engrossar. Eu ficava apavorada com aquilo, e deixava a barba crescer com medo de os pelos engrossarem e depois nunca mais conseguir me livrar deles. Eu odiava mais o pelo no rosto do que o órgão sexual masculino", lembra Andrea.

Ao mesmo tempo que os hormônios da puberdade davam contornos masculinos ao seu corpo, o seu desejo sexual por garotos crescia. Porém, por mais que ela se interessasse por um menino, não tinha coragem de demonstrar essa vontade de aproximação nem de trocar um simples olhar.

"Eu sentia atração por meninos, mas se falasse isso em algum momento para alguém, provavelmente o garoto ia saber e me bater... Eu nunca tinha conhecido um menino gay pessoalmente", conta.

Aos quatorze anos, Andrea começou a ter mais acesso à internet e começou a conversar em chats com garotos que se consideravam gays, por se sentirem atraídos por outros meninos.

"Eu nem paquerava os meninos pela internet. Eu puxava papo e conversava bastante, mais para entender se era isso mesmo o que eu era, se eu realmente era gay. Mas descobri, conversando com eles, que não, eu não era gay. Os gays têm atração sexual por homens, e eu queria homens que sentissem atração por mim como mulher, apesar de eu ter um corpo masculino. Era tudo muito confuso, e eu sentia um peso que eu não entendia, uma coisa que eu não sabia expressar. E uma necessidade enorme de saber quem eu era", explica.

Em certo momento, apareceu uma menina na sua vida: Tainá. Uma amiga de escola, que fazia balé e música, atividades de que Andrea também gostava. Aliás, toda atividade artística a atraía. Elas se aproximaram, ficaram amigas, e o desejo de estar sempre ao lado dela só aumentava. Os comentários na escola e na família eram de que Andrea estava gostando da Tainá. Ela conta que isso a fez achar que estava amando pela primeira vez, apesar de faltar um elemento importante naquele sentimento: o desejo, a atração sexual.

"Hoje em dia, eu percebo que era só admiração mesmo, uma identificação, querer ser ela, talvez", reflete a moça.

Durante a adolescência, amar foi se tornando cada vez mais confuso para Andrea. Ela tinha vontade de beijar garotos, mas sentia admiração por garotas. "Eu me sentia cada vez mais bizarra e sem entender o que tinha de errado comigo", relata.

A escola mandava alguns avisos para seus pais, alertando que ela estava muito quieta, isolada. Mas a família não conseguia entender. Achava que era coisa de adolescente, uma fase que logo passaria. Até que Andrea descobriu o lugar onde poderia brincar de ser mulher: a internet.

O MUNDO VIRTUAL

Andrea gostava muito de mangás, revistas em quadrinhos japonesas, e começou a participar de chats e bate-papos na internet para trocar ideias com outros adolescentes sobre o assunto.

Rapidamente, as conversas evoluíram para os jogos de *Role Playing Games* (RPG), jogos de interpretação de papéis. Neles, um grupo de amigos se reúne para construir uma história de improviso. Quem conta essa história é um dos participantes, que assume o papel de narrador. É ele quem lança os desafios a serem superados pelos demais. Os jogadores criam então seus personagens e dão sequência ao enredo, de acordo com sua capacidade de improviso e imaginação. Tudo isso no universo virtual.

"Nesses jogos pela internet, a gente se descrevia: eu sou o personagem tal e estou fazendo isso. A pessoa do outro lado respondia com uma ação, e assim a gente construía uma história", esclarece.

Na frente da tela do computador, Andrea encontrou o ambiente perfeito para liberar suas emoções e experimentar: "Eu brincava de interpretar diversos personagens, só que teve um momento em que eu realmente comecei a atuar como uma personagem feminina, sem mostrar o meu rosto e dizendo ser uma mulher. Minha foto era bem andrógina, escondendo parte do rosto com o cabelo que eu tinha deixado crescer até os ombros, e ninguém percebia pela imagem que eu era um homem. Quanto mais eu me apresentava e interagia com os outros jogadores como uma mulher, mais eu me sentia confortável comigo mesma. Foi incrível viver isso naquele momento!"

Mais confortável consigo mesma, Andrea começou a viver nesse ambiente on-line paixões platônicas e virtuais. "Eu me apaixonei por um garoto que não sabia quem eu era de verdade. Ele acreditou que eu era uma menina, e eu nunca disse a ele o contrário. E ele também começou a gostar de mim", rememora. Assim, começaram a se gostar sem se ver pessoalmente e sem trocar fotos. Só trocavam ideias.

"Ele começou a me perguntar coisas, e eu não respondia. Só dizia que era do Rio. Ele era de São Paulo. Saímos da conversa do grupo e passamos a conversar mais reservadamente pelo MSN", conta a jovem.

A maneira como Andrea fala sobre sua primeira paixão correspondida pode parecer estranha para quem não tem intimidade com o mundo virtual. Mas ela faz parte de uma geração para a qual o mundo da internet e o mundo real quase não têm barreiras entre si.

"No MSN, nós só nos comunicávamos digitando. Mas daí os jogos foram evoluindo e começamos a entrar em jogos on-line 3D. Nesse outro ambiente virtual, tínhamos a oportunidade de interagir bem mais. E nós dois, através de nossos personagens, começamos a ter mais chances de interagir como duas pessoas apaixonadas. Sentávamos, por exemplo, em lugares que tinham o formato de um coração. Desenhávamos coração um para o outro. Eram momentos superromânticos", relata.

Andrea conta que ele pedia fotos, que queria conhecer o seu rosto de verdade, mas que ela sempre arrumava uma desculpa para não enviar. Sonhava em encontrá-lo pessoalmente um dia, mas sabia que poderia não ser aceita quando ele descobrisse que *ela*, na verdade, era do sexo masculino.

Esse romance foi um marco em sua vida, pois fora a primeira vez que sentiu desejo sexual por um homem. No seu caso, como pessoa trans, era um desejo feminino por outro homem, uma atração heterossexual. Como explicar isso para os outros? Como entender isso com ela mesma? Sua cabeça estava dando um nó. Essa relação amorosa virtual durou um ano.

"Chegou um momento em que eu não conseguia mais guardar aquilo só pra mim e também não tinha coragem de contar pra ele que eu era um homem. Então decidi me afastar. Saí do jogo, perdi totalmente o contato, e ele nunca soube que estava vivendo uma história virtual de amor com uma pessoa do mesmo sexo", conta.

Andrea estava com quatorze anos na época. Agora sabia que tinha desejo por garotos, mas que não era gay. Gostava de garotos héteros, e não de garotos gays. Ela nunca tinha ouvido falar sobre pessoas transexuais e, por isso, chegou a pensar que talvez fosse uma travesti.

"Até hoje eu não sei direito a diferença entre ser trans e ser travesti. As travestis que eu conheci não sentiam disforia [de estarem desconfortáveis no próprio corpo] e tinham relação sexual de forma ativa com os homens, ou seja, elas penetravam outros homens. Mas isso era algo que não me interessava, eu não me identificava! Eu não queria esse tipo de relação sexual. Ao mesmo tempo, as travestis tinham uma imagem mais feminina, o que eu gostava e me identificava. Mas, mesmo assim, não era suficiente para eu me sentir como uma delas. Era tudo ainda muito confuso na minha cabeça", explica.

Algum tempo depois, já com dezesseis anos, Andrea se aproximou de um amigo gay da irmã. A amizade dos dois foi aumentando, ganhando intimidade, até que, em determinado momento, eles começaram a se abrir um com o outro. Começaram a falar sobre gostar de meninos, e esse amigo achava que ela fosse gay, como ele. Um dia, a convidou para ir a um evento de fãs de mangá, em São Paulo. Andrea foi, sem imaginar que aquele seria um momento de virada na sua vida.

Durante o evento, ela conheceu um jovem que, como ela, morava em Niterói, e que tinha uma turma de amigos alternativos. Andrea foi apresentada para essa galera, que se encontrava em um shopping da cidade e que tinha os mesmos interesses: mangá, RPG, jogos on-line, rock e música coreana.

Nessa nova turma, havia gays, lésbicas, bissexuais, de tudo, inclusive garotas que se vestiam como meninos e garotos que se vestiam de forma mais feminina, com blusinhas curtas e apertadas.

Andrea, que até então só se relacionava com dois ou três amigos, viu seu círculo de amizades se expandir, e isso foi muito importante para ela. Convivendo com outros jovens, todos com o mesmo desejo de liberdade inerente a essa fase da vida, começou a mudar o seu visual.

"Meu cabelo estava crescendo e decidi fazer um alisamento com escova progressiva. Foi incrível quando vi o resultado, meus cabelos superlisos, pensei que queria ficar assim pra sempre!"

Cabelos alisados, mas ainda se vestindo como menino, calça jeans e blusa longa sem marcar o corpo. No rosto, já não tinha mais tantas marcas de pelo porque aprendera a se barbear direito. Os amigos dessa nova fase da vida aceitavam com tranquilidade homossexuais, lésbicas e, embora ninguém falasse em transexualidade, estavam abertos para qualquer forma de amor, sexualidade e identidade.

"Essa galera me ajudou a construir meu lado social e também a pensar que eu poderia ser do meu jeito, porque lá cada um tinha o seu próprio estilo, sua própria sexualidade. Eles permitiam que eu fosse o que eu quisesse ser, sem me sentir culpada nem diferente. Isso foi um alívio muito grande, porque eu sabia que tinha um problema de gênero, mas não sabia qual. E viver com essa dúvida é enlouquecedor. Com esse grupo, tudo bem eu ser 'esquisita'."

Andrea chegou a se relacionar com dois garotos da turma, mas não deu certo.

"Eu já passava lápis de olho, passava rímel, mas eles não me enxergavam como menina. E eu queria me relacionar com meninos héteros, e não com homossexuais, porque eu me sentia uma menina, e não um menino. Mas era tão difícil explicar isso, que nem para esses meus amigos eu contava que me sentia como uma mulher, e não como um homem. Se era difícil explicar isso até para mim, como eu diria isso pra eles?"

O único local em que se sentia segura para falar da sua situação era na internet. Andrea começou a ousar mais nos relacionamentos on-line. A foto dela era do mesmo estilo de quando jogava RPG: só do rosto, com os cabelos cobrindo grande parte dele. Usava um nome japonês, que podia ser feminino ou masculino. Até que, um dia, foi adicionada numa rede social pelo Luiz, um menino heterossexual de dezoito anos.

"Primeiro, ele achou que eu fosse uma menina, mas logo no mesmo dia eu expliquei que não, eu era homem, porque não fazia mais sentido ficar escondendo essas coisas como alguns anos atrás. Mesmo assim, ele continuou me achando bonitinha e me disse que eu parecia mesmo uma menina. Daí começou o nosso relacionamento. Em uma semana, ele já estava me chamando só pelo feminino."

Isso encorajou Andrea a se abrir cada vez mais com ele.

"Eu comecei a falar mais abertamente sobre como eu me sentia. Contei que me sentia como alguém do gênero feminino, apesar de estar em um corpo masculino. Como ele queria fazer psicologia, ficou curioso e decidiu me ajudar a investigar o que acontecia comigo."

Andrea contou para o Luiz coisas que ninguém sabia, por exemplo, que tinha vontade de vestir as roupas da mãe e que só não o fazia por medo de ser descoberta. Contou, também, que parava várias vezes em frente ao armário de suas irmãs, com um desejo quase incontrolável de estar naqueles vestidos pendurados, mas que sabia ser errado sentir aquilo e, então, se punia internamente. Um sofrimento enorme.

A intimidade entre Andrea e Luiz foi aumentando conforme ela se sentia à vontade para contar seus segredos. E os dois começaram a sentir muito desejo um pelo outro, mesmo sem se conhecerem pessoalmente.

"Nós nos conhecemos pelo Orkut, depois fomos para uma conversa mais privada no MSN, que era o WhatsApp de hoje. Ele era heterossexual, mas já tinha ouvido falar sobre pessoas transexuais e me indicou essa direção para que eu começasse a pesquisar", lembra ela.

No início, Andrea só achou material em inglês, pois lá fora as pessoas e a própria ciência debatiam mais sobre o assunto.

"Nos sites americanos, encontrei a transformação de várias pessoas, inclusive de um militar, todo forte, que se assumiu como transexual e, três anos depois, já tinha se transformado em uma mulher linda, com emprego formal, sem ser tão marginalizada como acontece aqui no Brasil, onde você vê pessoas trans e travestis se prostituindo e sendo assassinadas."

Essas pesquisas começaram a abrir mais a visão de Andrea que, pela primeira vez, começou a pensar diferente sobre sua condição.

"Pensei que, talvez, eu realmente tivesse um pé no mundo trans... Na verdade, eu já me sentia como uma transexual, só que não sabia me definir assim. Eu não tinha informação suficiente pra me definir, eu não sabia o que era ser trans", reflete.

Andrea ainda não tinha coragem de ter um relacionamento. Tinha medo de ser expulsa de casa, de perder os amigos. E foi com Luiz, virtualmente, que ela começou a exercer sua sexualidade.

"Era a primeira vez dele com uma pessoa trans, e ele estava querendo entender isso. Ele me achava bonita e se sentia confuso. Ele sabia que jamais me assumiria para a família dele, então a gente sabia que não teria nada sério. O que a gente sentia era mais uma atração física mesmo, um pelo outro."

Andrea e Luiz se relacionaram fazendo sexo virtual pela internet durante quatro anos. Só foram se conhecer pessoalmente em 2015, quando ela já tinha vinte anos.

"Foi aí que a gente marcou de se ver pessoalmente pra ver no que ia dar. Seria a minha primeira vez. Eu saí da escola de música e fui me encontrar com ele. A gente foi pra um motel, tudo bem tranquilo. Eu estava com a pele macia, tinha feito a barba o máximo que eu pude, estava com as roupas o mais andróginas possível, porque na época eu ainda não tinha roupa feminina, e tentei me produzir do melhor jeito pra ele não sentir um baque tão grande, porque também era a primeira vez dele com uma pessoa trans. Ele sempre me falou: 'Vai ser do jeito que você quiser, eu quero que seja bom pra você'. Então tomamos vinho, assistimos filmes juntos e, só depois, a gente tentou alguma coisa. Foi bastante constrangedor, pra mim, deixar outra pessoa ver e tocar meu corpo."

O desconforto de Andrea com seu corpo era tão grande que, até quando ela ia a uma piscina com amigos, mergulhava de calça jeans e blusa. Seus amigos alternativos encaravam aquilo como maluquice, como algo engraçado, e não como parte da enorme angústia que ela sentia com si própria.

Ali na cama, com Luiz, pronta para ter sua primeira experiência sexual, Andrea teria que enfrentar essa angústia. Teria que, literalmente, se despir e assumir o seu corpo na frente de outra pessoa.

"Eu senti muito desconforto. Na verdade, foi o ápice de desconforto com meu corpo. Tentei de todas as maneiras que ele não me visse de frente. Nunca ninguém tinha me visto totalmente sem roupa. Muito menos me tocado. Eu estava com vinte anos e nunca tinha beijado ninguém! Mas ele entendeu e não forçou nada. Aconteceu sem constrangimentos da parte dele, mas eu não consegui ficar à vontade. Depois que eu fui embora, pensei que, se eu não mudasse o meu corpo, eu não ia conseguir nunca mais me relacionar com alguém."

Dois meses depois, Andrea – com a ajuda de alguns amigos trans da internet – decidiu começar a hormonização, o que ela considerava crucial em sua vida.

A TRANSFORMAÇÃO DO CORPO

Andrea já sabia que era possível transformar o corpo por meio de hormônios. Descobriu isso aos dezenove anos, quando começou a pesquisar na internet. Ela conta que tinha medo só de pensar em fazer algo assim, porque, com frequência, o que ela via eram imagens de pessoas injetando em si mesmas um monte de coisas, e ela sempre teve pavor de agulha.

Mas sabia também que certas combinações de hormônios não funcionavam, podendo levar à morte.

Geralmente, na época, os médicos no Brasil só prescreviam tratamentos hormonais com a finalidade de modificação corporal a partir dos 21 anos, e Andrea não queria iniciar um tratamento sem acompanhamento médico. Mas, agora que estava prestes a completar essa idade, ela viu que não queria repetir o sentimento de disforia que sentira com o Luiz. Queria assumir sua identidade com o gênero feminino e ter felicidade.

Antes, precisava do apoio de alguém para dar um passo desses. Então criou coragem para contar tudo à sua melhor amiga na época, Clara, da turma dos alternativos. Nem mesmo sua melhor amiga sabia que Andrea não era homossexual, mas transexual.

"Todos os meus amigos alternativos já tinham aceitado que eu poderia ser homossexual. Eu não me importava de ser classificada assim, porque eu sabia que eles não tinham preconceito contra homossexuais, mas eu tinha medo deles terem preconceito contra trans. Eu escondia isso, porque trans estava ligado mais à imagem da travesti, da prostituição. Só contava mesmo para amigos virtuais que moravam em outro estado. Mas eu precisava de ajuda e contei para a Clara", explica.

Inclusive, foi a Clara que, anos antes, contou para a mãe de Andrea que sua filha era gay.

"Eu estava na sala de casa, e a Clara, que é lésbica, tinha levado a namorada lá. Minha mãe viu as duas namorando e não achou legal. Mas aí, nós paramos para conversar: eu, a Clara e a minha mãe. A gente começou a conversar e a explicar pra minha mãe e ela disse: 'Ah, eu entendo, inclusive se o André quisesse se relacionar com outro homem, não teria problema nenhum'. Nesse momento, a Clara só disse: 'Então,

Trans 121

né...', deixando um ponto de interrogação no ar. Minha mãe ficou sem reação, ficou parada por um tempo e disse que tudo bem. E rolou uma emoção, abraços, choros. Era uma coisa difícil de contar, então pelo menos a Clara facilitou."

Clara levou Andrea para um centro LGBTQIA+, onde lhe indicaram um lugar em que ela poderia começar o tratamento hormonal pelo SUS. Foram quatro meses de burocracia e vários exames até conseguir ser indicada para começar a hormonização no Instituto Estadual de Diabetes e Endocrinologia (IEDE).

"Foi um momento crucial. Descobrir as transformações que a hormonização acarretaria a mim fez toda a diferença", lembra a jovem.

É que, para Andrea, assim como para muitas pessoas trans, em um primeiro momento, nem sempre a mudança do órgão genital é o mais importante. Algumas pessoas, na verdade, nem sequer consideram a cirurgia uma necessidade.

"Eu pensava se a cirurgia da genitália iria me ajudar. Possivelmente, sim, mas não ia fazer a diferença completa que eu gostaria. Eu tinha medo de fazer essa cirurgia e continuar me sentindo no mesmo lugar. Descobri que os hormônios tornariam minha pele mais macia, com menos pelos, e que os meus contornos corporais e faciais seriam suavizados. E mesmo sabendo que podia colocar peito de silicone e fazer cirurgia lá embaixo pra mudar a genitália, para mim não fazia muito sentido se eu não tivesse todo o restante que o tratamento hormonal me traria. Seria algo incompleto."

Em junho de 2016, quando iniciou o tratamento no IEDE, Andrea decidiu contar para a mãe que era transexual e que começaria, junto com o tratamento hormonal, a sua transição, ou seja, que passaria a se assumir completamente como

122 Renata Ceribelli e Bruno Della Latta

alguém do gênero feminino. Até aquele momento, a família tinha aceitado que o "rapaz" era gay. E a notícia foi um baque.

Explicar que ela não era homossexual, e sim trans, seria mais difícil. Mas era um caminho sem volta. Não daria mais para esconder, pois todos perceberiam quando ela começasse a tomar os hormônios. Andrea sentia que já tinha informação e vivência suficientes para assumir sua condição de mulher. Simplesmente era a forma como ela nascera, e não poderia continuar vivendo uma mentira. Não podia se comportar como alguém do gênero masculino se sentindo uma pessoa do gênero feminino.

Primeiro, Andrea contou para a irmã Cristine.

"No início, ela chorou, acho que de nervosismo, por conta do preconceito que eu sofreria, mas ela nunca demonstrou preconceito comigo", lembra.

Contar para a mãe seria algo mais delicado. O pai já era falecido desde 2012, de parada cardíaca. Ela e a mãe não eram muito próximas, apesar de terem uma boa relação.

"Ela reagiu bem. Já tinha me 'aceitado' antes, não teve dificuldade na segunda vez. Basicamente, disse que me apoiava e que o importante era eu ser feliz", relata Andrea.

Três meses depois, os efeitos dos hormônios já começavam a aparecer no seu corpo e, com eles, os efeitos colaterais, como enjoos e fortes dores de cabeça, que foram temporários.

Andrea sentia que estava cada vez mais forte para assumir sua identidade de gênero. Ver os seus seios crescerem por efeito dos hormônios lhe dava uma satisfação incrível, e ela adorou quando as poucas pessoas do trabalho que sabiam que ela era trans começaram a notar e a sugerir que estava na hora de ela começar a usar sutiã.

Era o que faltava para ela: um belo dia, acordar, se vestir da cabeça aos pés como mulher e chegar ao trabalho – uma sala grande de telemarketing – toda produzida.

"Usei uma calça que sempre tive, um pouco mais apertada, uma blusa da minha irmã e um sapato de salto fino e alto", relembra.

Você chegou sem avisar ninguém, vestida de mulher?

[Ela começa a rir:]

"Era uma sala de telemarketing, cheia de fileiras, e cada um tinha o seu cubículo. Muita gente ficou olhando sem entender nada! Os que me conheciam, gritavam: 'Arrasou!'. Na hora do almoço, eu saí pelas ruas do centro só para ver se alguém me encarava, prestando atenção se as pessoas estavam percebendo alguma coisa. E não estavam! Eu me senti muito bem, e pensei que eu poderia sair de casa assim, porque ninguém me bateu!"

Andrea conta que soube, dias depois, que muita gente estava fazendo piada com o seu nome:

"Eu achei bem chato saber que estavam me ridicularizando. Mas soube disso bem depois. No dia, mesmo, eu me senti incrível!"

E foi justamente naquele dia que Andrea tinha concordado, por meio da assessoria de imprensa do IEDE, ter um encontro com a Nunuca Vieira, produtora da série. Ela sabia apenas que o programa gostaria de propor uma entrevista com ela. A princípio, Andrea ficou com receio de se expor. Tinha medo de ter a vida colocada em risco depois de aparecer em rede nacional.

O encontro foi na praça de alimentação de um shopping, no fim do dia. Ela conta que a produtora a convenceu de que ela ajudaria muita gente se contasse sua história na TV.

"Cheguei a perguntar pra Nunuca se eu podia esconder meu rosto, mas ela me explicou que não gostaria de mostrar alguém se escondendo por ser trans, e sim se assumindo. Isso, sim, ajudaria outras pessoas", diz.

Andrea ainda argumentou que tinha medo de se expor e de ser atacada, e Nunuca foi sincera.

"Ela disse que não podia me garantir que isso não aconteceria, mas me passou confiança, achou que eu estava bem feminina e acabou me convencendo a participar", lembra a jovem.

Um mês depois, começaram as gravações e, quatro meses depois, a reportagem foi ao ar.

Agora, dois anos depois, como você se sente com seu corpo?

"Bem mais confortável. Os pelos do corpo diminuíram bastante, e os seios, apesar de não estarem do tamanho de que eu gostaria, já ganharam um formato mais feminino. O meu rosto também já está mais redondo, e os hormônios femininos ajudam a distribuir a gordura de um jeito diferente. O que resta de disforia para mim são alguns traços muito leves no meu rosto. Por exemplo, o osso em cima dos olhos é mais protuberante nos homens. Em mim, nem tanto, mas ainda me incomoda. Também engordei um pouco e ficou mais difícil perder peso, mas pelo menos já tenho um corpo com mais curvas."

Nos momentos mais difíceis dos efeitos colaterais, Andrea estava sem condições financeiras para pagar as vitaminas, que a ajudariam bastante. Até hoje, os gastos com os hormônios são altos.

"O governo pode providenciar, mas está sempre em falta, não é uma prioridade. Por exemplo, o bloqueador de testosterona custa uns quarenta reais para vinte dias, o gel também, quarenta reais. Então, dá uns oitenta reais a cada vinte dias. Sendo que é uma coisa que vai ser para o resto da vida", explica.

Em busca de melhores salários para arcar com os hormônios, que ela terá que tomar para sempre, Andrea decidiu sair do telemarketing e procurar um emprego melhor. Hoje, ela trabalha para uma empresa internacional de jogos on-line e tem um salário bem maior do que antes, além de maiores perspectivas de crescimento profissional. Ela conseguiu também levar o namorado, João, de dezenove anos, para trabalhar na mesma empresa. Hoje, passam praticamente 24 horas por dia juntos. Eles se conheceram na escola de música, onde ela estudava piano e ele, violão.

"Ele me paquerou sabendo que eu era trans. Eu não escondia mais isso de ninguém", lembra Andrea.

João nunca tinha conhecido uma mulher transexual, mas diz que sempre teve uma cabeça aberta. Ele se autodefine como pansexual, ou seja, uma pessoa que se sente atraída por todos os diferentes tipos de identidade de gênero.

"Se eu gosto de uma pessoa, não é por conta da genitália dela, entende?", comenta João.

Eles estão juntos há um ano e meio. Começaram a namorar exatamente uma semana antes da série do *Fantástico* ir ao ar. É o primeiro relacionamento de Andrea que começou na vida real, e não no mundo virtual, tendo o mesmo romantismo que ela sempre idealizou nos seus relacionamentos.

"Quando a gente decidiu ter o nosso primeiro encontro, com o objetivo de ser um encontro mesmo, eu o chamei para me ver tocar piano antes de sairmos. E, quando eu estava tocando, ele começou a acariciar os meus ombros e a partir dali eu me apaixonei, parecia que estava vivendo uma cena de filme."

E, como toda história de amor de cinema, são muitos os obstáculos que eles têm que enfrentar para ficar juntos. O principal deles é a mãe de João, que não pode saber que o filho namora uma mulher trans.

"Se minha família souber, eu estou morto. Minha mãe é evangélica, meu pai, militar, enfim, sou de uma família em que todos são muito conservadores", relata o jovem.

João ainda não tem coragem de apresentar a namorada para os pais, e Andrea entende a situação.

"Eu sei que ele me aceita, tanto que ele me apresenta para os amigos. Mas, se a mãe souber que ele namora uma mulher trans, vai fazer de tudo para nos afastar", lamenta a moça.

"Eu amo a Andrea", diz ele.

João foi morar na casa de Andrea, junto com a família dela. Para a mãe, disse que era devido ao fato de trabalharem de madrugada, por causa do fuso horário da empresa de jogos da qual são empregados. A mãe dele sabe que eles estão namorando, mas não que Andrea é uma mulher trans. Até agora, elas só conversaram pelo telefone. A esperança do casal é de que a sogra aceite o fato melhor depois de ver que a nora levou o namorado "para frente" na vida, ajudando-o.

"Minha grande esperança é de que a mãe dele veja que eu o ajudei a encontrar um bom trabalho, que a minha família é boa, que ele está morando em um lugar legal e, diante de tudo isso, possa relevar o fato de eu ser uma mulher trans", explica ela.

Eu pergunto como estão os planos para fazer a cirurgia de redesignação sexual. E a resposta dela me surpreende. Andrea finalmente conseguiu guardar dinheiro para realizar o sonho de fazer a operação, mas está vivendo um dilema. Não sabe se gasta esse dinheiro com a tão sonhada cirurgia ou se financia uma casa própria para começar uma vida a dois com João – uma história de amor com a qual ela também sempre sonhou. O que ela tem certeza é de que assumir a sua identidade com o gênero feminino, independentemente de ter nascido em um corpo masculino, lhe deu segurança para amar e ser amada.

E é isso que Andrea está fazendo. Com a chegada do João na sua vida, a cirurgia parece que deixou, pelo menos por enquanto, de ser prioridade.

5. Taís e Hellen

A estimativa é de que apenas 1% da população mundial seja transgênera. Desse total, a grande maioria vive uma realidade bem mais próxima da experimentada por Taís do que de qualquer uma das outras pessoas que entrevistamos para a série "Quem sou eu?". Taís é uma garota trans que sonha em ser publicitária, mas que vive da prostituição.

Foi expulsa de casa muito nova e ainda não é bem aceita pela família nem por quase todos que passaram ou passam por sua vida. A entrevista com ela foi feita nas ruas de Curitiba (PR) – onde vive atualmente –, com hora marcada para começar e terminar, assim não atrapalharia sua rotina com os clientes. Hoje, Taís se vê completamente à margem da sociedade. E esse processo começou quando ela tinha apenas dezesseis anos.

Ela era estudante quando seu corpo começou a despertar a atenção da família. As nádegas estavam cada vez maiores, o quadril mais largo e, aos poucos, os seios começavam a ficar mais evidentes. Ela não havia contado para ninguém, mas estava tomando pílulas anticoncepcionais, fonte de hormônios femininos.

Estar presa a um corpo incompatível com sua identidade era desesperador para ela. Como muitos jovens, Taís descobriu na internet ser uma mulher transgênera e passou a tomar escondido as pílulas que roubava da tia. Moradora da pequena Santa Maria da Vitória, município de pouco mais de 40 mil habitantes no sertão da Bahia, a então adolescente recebeu da família a pior reação possível: foi expulsa de casa.

"Disseram para eu sair de casa porque isso não era certo, não era normal e, como eu queria ser assim, eu deveria ter uma vida independente. Falaram pra eu ser dona do meu próprio nariz e ir embora", relembra Taís. Foi um dos momentos mais difíceis de sua vida.

Infelizmente, essa é uma realidade frequente no Brasil. O preconceito leva muitos pais a radicalizarem e romperem com seus próprios filhos. Segundo um levantamento da Associação Nacional de Travestis e Transexuais (Antra), treze anos é a idade média com que uma pessoa trans é expulsa de casa.

"Lá é interior, as pessoas não têm muita noção do que é ser transexual. Então, eles me deram três dias para sair de casa. Eu não tinha dinheiro, estrutura, nada. A partir dali, eu tinha que me virar", conta Taís, hoje com 22 anos.

Ela ainda frequentava o primeiro ano do ensino médio e precisou abandonar os estudos para tentar se virar e pagar as contas. A situação vivida por ela não é exceção: segundo dados compilados pelo defensor público João Paulo Carvalho Dias, ex-presidente da Comissão de Diversidade Sexual da Ordem dos Advogados do Brasil (OAB), em nosso país, 82% das travestis e pessoas transexuais abandonam a escola antes de concluírem a educação básica por causa da discriminação em torno de sua identidade de gênero.[12]

Os motivos que levam ao afastamento são inúmeros, desde problemas de saúde mental desenvolvidos por conta da rejeição, passando pelo bullying vindo dos colegas e dos próprios professores, até a necessidade de trabalhar para se sustentar após serem expulsas de casa ou brigarem com a família, como aconteceu com Taís.

Assim, além de impactar toda a formação pessoal e intelectual, o preconceito impede a inclusão das pessoas trans no mercado de trabalho formal, restando apenas duas alternativas: trabalhar em salões de beleza – ambiente um pouco mais acolhedor – ou ingressar no mundo da prostituição. "Poucas são as trans que cursam a faculdade, que a família aceita, que têm uma vida normal", lamenta Taís. De acordo com uma pesquisa da Antra, 90% das mulheres trans recorrem à prostituição como fonte de subsistência.[13]

Taís tentou a primeira possibilidade. "Eu cheguei em um salão de beleza da cidade, desesperada, chorando. Eu não tinha nem curso pra trabalhar. A dona do salão foi uma pessoa maravilhosa, me botou para dentro e me deu um emprego", relembra. Nesse seu primeiro emprego, ficou por cerca de dois anos.

---

[12] "Ocupar e permanecer: histórias de trans e travestis na escola e na universidade." Disponível em: <https://www.bocajornalismo.com/single-post/2018/08/08/Ocupar-e-permanecer-historias-de-trans-e-travestis-na--escola-e-na-universidade>. Acesso em: 4 fev. 2021

[13] "Transexuais são excluídos do mercado de trabalho. Com raras oportunidades de emprego, cerca de 90% das pessoas trans no Brasil acabam recorrendo à prostituição." Disponível em: <http://especiais.correiobraziliense.com.br/transexuais-sao-excluidos-do-mercado-de-trabalho>. Acesso em: 4 fev. 2021

Enquanto isso, avançava em seu processo de transição. "Eu sempre fui uma pessoa muito discreta, tudo foi acontecendo aos poucos. Eu não comprei peruca pra mim e no dia seguinte saí me vestindo de mulher", relembra. A jovem temia por seu corpo, ainda com algumas características que considerava masculinas.

Na hora de se vestir, misturava peças masculinas e femininas. "Eu colocava uma blusinha baby look e uma calça masculina; às vezes uma calça feminina e uma blusa masculina. Demorou cerca de um ano para eu usar o primeiro vestido, com dezoito para dezenove anos. Eu tinha que estar preparada praquilo. Eu não conseguia vestir uma roupa feminina, sendo que o meu corpo ainda estava masculino", conta.

O desejo de Taís era de ter o corpo com o qual sonhava desde a infância: "Ainda criança, eu já tinha aquele prazer de me olhar no espelho, me ver com uma toalha na cabeça, balançando e falando que era meu cabelo. Colocava laranjas e bexigas no peito, vestia uma blusinha e falava que eram meus seios. Era um prazer pra mim, porque isso era um sonho".

A mãe e as tias repreendiam de forma violenta o comportamento: "Elas me batiam sempre que me pegavam brincando de boneca ou brincando com maquiagem, passando batom. Elas sempre puxavam a minha orelha, davam aquela bronca. Eu lembro um momento em que eu estava brincando de boneca, numa roda de amigas – eu sempre gostei de ter amizade com meninas –, e a minha tia chegou falando que não era pra eu brincar com mulher, que era pra eu brincar com homem. Daí eu fui pro quarto chorar, porque eu não tinha nascido mulher. Eu pensava que era uma coisa muito anormal, que não podia fazer aquilo. Mas, ao mesmo tempo, eu me sentia muito melhor fazendo aquilo... Me sentindo uma mulher".

LONGE DE CASA

Contando com a bondade de uma desconhecida, a jovem conseguiu se sustentar trabalhando no salão de beleza até próximo de seu aniversário de dezoito anos. Porém, seus sonhos não cabiam na cidade nem no salário que recebia no salão. "Com o dinheiro do salão não estava dando para me manter. Eu não estava conseguindo conciliar as coisas: pagar aluguel, água, luz, me manter, ficar bonita, comprar roupa, maquiagem", conta Taís.

Foi aí que a jovem decidiu fazer as malas e tentar uma vida melhor longe dali. Outro estranho – um caminhoneiro – lhe deu carona da Bahia até Primavera do Leste, município de Mato Grosso. Ao longo do caminho, Taís passou a fazer sexo com o homem em troca de dinheiro. Foi aí que ela entrou na prostituição.

No centro-oeste, conheceu aquele que seria seu marido. Com 22 anos na época, Taís se envolveu com um caminhoneiro de 32. "Ele começou como meu cliente, aí começamos a sair com mais frequência, até que iniciamos um relacionamento", relata. Os dois resolveram viver juntos em Guaíba, município da região metropolitana de Porto Alegre, no Rio Grande do Sul.

"Ele montou casa para mim, me assumiu para todo mundo. Mas vivemos um perrengue", relembra. A dificuldade inicial era de aceitação social. Muitos amigos se afastaram, e a família dele era contra o relacionamento. "Ele é hétero, mas nunca tinha saído com uma mulher trans, fui a primeira. Quando os amigos dele descobriram, muitos não falaram mais com ele. O irmão dele era Testemunha de Jeová e fazia de tudo para nos separar. Dizia que trans não era coisa de Deus", conta.

Apesar das dificuldades externas, dentro do relacionamento, o casal era feliz. "Ele me amava muito, fazia de tudo para mim. Só não aceitava eu me prostituir, queria que eu vivesse como uma dona de casa", diz. Foi a questão do trabalho que se transformou no pivô da separação do casal. Taís queria ganhar seu próprio dinheiro, ter autonomia financeira com os programas. Porém o marido era contra ela sair com outros homens.

"No início, eram só flores. Mas depois ele se mostrou uma pessoa muito ciumenta e possessiva. Começamos a brigar muito", relembra. O casal começou a discutir com frequência e as brigas evoluíram para a violência física. "Ele começou a me bater se descobrisse que eu estava me prostituindo. Um dia, com a ajuda de vizinhos, eu saí de casa e fugi", relata a moça. A sogra, escondida do filho, foi quem pagou a passagem de Taís para que ela se mudasse para Curitiba, no Paraná, onde tinha alguns contatos que poderiam lhe ajudar a começar uma vida nova.

Desde então, vive na cidade e todas as noites sai de casa rumo a uma praça, onde espera seus clientes. "A minha rotina é essa: à noite, eu trabalho, faço um dinheiro. Durante o dia, eu faço as minhas tarefas domésticas", conta. Do dinheiro que recebe, quase tudo é revertido em fazer de seu corpo o mais feminino possível: para si mesma e para os clientes. "A gente trabalha com a imagem. Pra prostituição, temos que estar todos os dias impecáveis. Com cabelo, maquiagem, vestimenta, plástica, gasta-se muito", explica ela.

Ela também continua investindo na transição hormonal, que agora faz com acompanhamento médico e psicológico, enquanto aguarda a realização de seu maior sonho: a cirurgia de redesignação sexual. "Hoje em dia, a cirurgia não está tão assim, acessível. É uma fila muito grande, é demorado. Se viesse uma fada madrinha para realizar meu maior sonho, eu diria que seria a minha cirurgia", diz.

Para ela, é a última etapa que falta para ter o corpo dos sonhos. "Muitas vezes, eu vou pra balada, festa, alguns lugares públicos e as pessoas demoram para perceber que eu sou uma transexual. Isso que me faz feliz, isso que a gente busca diariamente: mais feminilidade, mais discrição, para passar imperceptível."

Enquanto isso, para Taís, a prostituição ainda parece ser a única alternativa. "Todos os dias, quando saio de casa para trabalhar, passa muita coisa na cabeça, né. Penso que, se a aceitação da família fosse diferente, talvez eu poderia estar estudando, já ter ingressado em uma faculdade. Eu sonhava em ser publicitária, sempre gostei da área de publicidade. Meu sonho era fazer uma faculdade de publicidade e mudar de vida", conta.

Na hora de se relacionar, a prostituição acaba sendo uma barreira maior do que a transexualidade: "Eu já encontrei meu príncipe encantado. Só que, devido à minha condição, hoje a gente não está mais junto: ele aceita o fato de eu ser trans, mas não o fato de eu me prostituir. A gente fica às vezes, já tentamos namorar, ele já tentou me tirar dessa vida, só que não é tão fácil assim".

As tentativas de deixar a prostituição foram frustradas quando as contas se acumularam e faltaram recursos para Taís seguir o sonho de conseguir o corpo perfeito. "A gente tem que viver a realidade da gente. Às vezes, não tem como a gente se sustentar, procurar uma estabilidade, porque, hoje em dia, a opção para a maioria das transexuais ou é ser cabeleireira ou prostituta", enfatiza a moça.

Além do pesar pelo futuro que não se cumpriu, medo, angústia e, eventualmente, arrependimento também são companheiros constantes na hora do trabalho. "Às vezes, eu me arrependo de não ter procurado algo melhor, porque eu poderia muito bem estar fazendo programa e pagar uma faculdade. Só que, pelas condições, eu não pude fazer isso", lamenta.

A violência, em suas diversas faces, também é uma constante no cotidiano de Taís: "Na rua, a gente está sujeito a tudo. Qualquer tipo de violência, discriminação, preconceito, agressão de pessoas maldosas. Quase toda noite eu sou xingada. São insultos, chacota, zombarias. Eu passo e gritam: 'Ô veadinho... ô traveco'".

A ONG europeia TransRespect realiza o monitoramento de vários aspectos da situação social das pessoas trans pelo mundo, entre eles a violência. Nesse quesito, o Brasil é recordista absoluto: em 2019, ocorreram 331 homicídios de pessoas trans no mundo inteiro, e o Brasil é responsável por 132 dessas mortes, seguido do México, com 65 mortes.[14] Entre 2008 e 2016, foram 868 mortes de pessoas trans registradas no Brasil.

"Uma vez, um cliente parou, me perguntou quanto era o meu programa e eu falei. Só que, até então, ele não sabia que eu era trans. Quando chegou no motel e eu tirei a roupa, foi aí que ele percebeu que eu era trans. Ele ficou transtornado, falou que eu estava o enganando e começou a me dar soco, pontapé, me chamando de veadinho, de aberração. É difícil lidar, muito difícil, porque, muitas vezes, a gente não tem como se defender."

Para enfrentar a violência, o que resta é rezar para que nada de ruim aconteça. "Eu peço pra Deus me proteger, me

---

[14] "2019: Brasil segue na liderança dos assassinatos contra pessoas trans no mundo". Disponível em: <https://antrabrasil.org/2019/11/13/2019-brasil-segue-na-lideranca-dos-assassinatos-contra-pessoas-trans-no-mundo/>. Acesso em: 4 fev. 2021

guiar. Peço ajuda para os meus anjos protetores, meu anjo da guarda", conta.

Situações de preconceito e violência, como a vivida por Taís, não são raridade. Segundo dados da Antra, a expectativa de vida média de uma pessoa transgênera no Brasil é de apenas 35 anos, enquanto da população em geral é de 75 anos.[15]

"A gente se sente um lixo. Acho que as pessoas não aprenderam a colocar o amor em primeiro lugar. Porque, se a pessoa tiver mais amor no coração, ela vai entender realmente o que se passa dentro da gente. Nenhum ser humano vai escolher a opção de todo dia passar por chacota, discriminação, rejeição. Não poder ser uma pessoa normal, não poder sentar em uma mesa de restaurante, ir a um shopping sem ter medo. Porque, hoje em dia, muitas trans, muitas travestis têm medo de ir ao shopping, de ir a uma pizzaria, porque já sabem como vão ser recebidas: com rejeição, como se fossem um palhaço, como se estivessem desempenhando aquele papel por gostar."

O DEPOIS

Depois que a história de Taís foi contada na série de reportagens "Quem sou eu?", do *Fantástico*, sua relação com a família ganhou um novo começo. Sensibilizados por sua história, eles entraram em contato com ela. Taís passou o último Natal com os familiares, no interior da Bahia.

[15] "Expectativa de vida de transexuais e travestis no Brasil é de 35 anos". Disponível em: <https://observatorio3setor.org.br/noticias/expectativa--de-vida-de-transexuais-e-travestis-no-brasil-e-de-35-anos/>. Acesso em: 4 fev. 2021.

"Ainda é difícil, lá é uma cidade de interior, e as pessoas comentam muito. Mas já é um avanço. Devagar estamos melhorando nossa relação", conta ela, que continua a se prostituir em Curitiba e planeja voltar a estudar.

Para ajudar outras pessoas como Taís a terem mais opções de vida, Maite Schneider, Márcia Rocha e Laerte Coutinho criaram, em 2013, o TransEmpregos, um projeto que busca abrir o mercado de trabalho para pessoas trans. A ideia inicial era a de formar um banco de currículos que empresas interessadas pudessem acessar em busca de candidatos e candidatas para as suas vagas.

No meio do caminho, contudo, as criadoras do projeto perceberam que muitas trans não continuavam nos empregos e acabavam voltando para a base de dados. Os motivos, em geral, estavam associados à falta de respeito, por parte das empresas contratantes, pela identidade das pessoas trans. Elas não eram inseridas nas equipes e até mesmo o uso do banheiro era algo problemático.

Foi então que o grupo decidiu ampliar a iniciativa: agora, também oferecem workshops, palestras e atuam na conscientização das empresas sobre como lidar com a diversidade em ambientes de trabalho e como ela pode ser benéfica para a própria empresa. Quando o projeto começou, eram doze empresas cadastradas. Hoje, mais de 350 estão dispostas a contratar pessoas trans.

DOUTORA HELLEN

A centenas de quilômetros dali, no Rio de Janeiro, vive Hellen, de 23 anos. Se, para Taís, a universidade é um sonho ainda a ser vivido, para Hellen, já é uma realidade. Ela cursa medicina em uma das universidades mais conceituadas do país.

Assim como Taís, Hellen também é uma mulher transexual. Ela demorou para descobrir sua identidade trans. Embora desde a infância algumas questões com o corpo lhe incomodassem, não tinha informação para entender a diferença entre identidade de gênero e orientação sexual. Até os 21 anos, a jovem acreditava ser um homem gay.

"As pessoas classificam tudo numa coisa só: gay, trans, bissexual. Tudo era uma coisa só", explica.

Sempre que alguns pensamentos sobre a questão de gênero surgiam, a jovem tentava afastá-los, por medo da violência e da rejeição pelas quais passaria. "Na verdade, eu preferia acreditar que era gay, mesmo que às vezes passasse pela minha cabeça que pudesse ser trans. Porque eu tinha um medo imenso, então afastava esses pensamentos", relembra. "Como gay, eu sofria homofobia, mas era diferente. Hoje, eu sofro transfobia, porque, embora fosse gay, eu ainda era homem, ainda tinha privilégios de homem em uma sociedade machista", reflete a futura médica.

Nascida em uma família humilde, no interior de São Paulo, a mãe é dona de casa e o padrasto, aposentado. Ela passou a adolescência – principal fase em que a maioria dos jovens se informa sobre questões de gênero – sem conhecer o assunto com profundidade. Quieta e estudiosa, não dava muito trabalho para os pais, e, por isso mesmo, a questão da homossexualidade nunca foi considerada por eles como problemática. Já no Rio de Janeiro, frequentando a universidade, a mentalidade de Hellen começou a mudar. Ela percebeu que só sentia atração por homens héteros, nunca por gays. Isso despertava em si um questionamento que ela tentava sufocar.

"Às vezes, eu chegava de uma festa e pensava: 'Por que eu não me interessei por aquele cara? Eu achava ele tão bonito, por que eu não me interessei por ele? Será que eu sou... Será que eu quero ser mulher? Será que... Ah, besteira, bobagem. Devia ter alguma coisa nele que não me agradava'."

Internamente, Hellen ia acumulando perguntas sem resposta. Até que, em 2013, resolveu dar um basta e mudar a situação. "A vida que eu levava não era a que eu queria. Tinha alguma coisa errada. Sentia uma angústia e eu precisava entendê-la", rememora. A compreensão veio dos grupos virtuais de mulheres trans, em que a universitária começou a encontrar histórias com as quais se identificava.

VIDA NOVA

Diferente de muitas garotas trans, o processo de transição de Hellen foi lento e planejado. Ela elaborou um plano para amortecer o impacto que a descoberta da sua condição poderia causar.

"Eu pensava que, se eu botasse uma roupa, uma maquiagem, me sentiria desconfortável, por mais que eu tivesse esse direito como pessoa, como ser humano. Então fui fazendo bem devagarzinho", lembra. "Eu comecei a deixar o cabelo crescer; depois, nos meses seguintes, passei a usar uma base... Depois eu comprei um batom cor de boca... Então, comecei a passar um lápis, usar uma roupa mais andrógina aqui e acolá, de forma que as pessoas foram digerindo isso. Por mais que eu tenha os meus direitos, que eu bata no peito e diga: 'Eu faço o que eu quiser', a gente vive em sociedade."

A estratégia deu certo. A primeira vez que Hellen usou um vestido publicamente não houve choque entre as pessoas com quem convivia.

"Foi em outubro de 2015. Eu tenho o vestido guardado até hoje. Eu o vesti e cheguei na aula assim, de vestido. As pessoas já esperavam. Eu fui contando para elas aos poucos, e a notícia foi se espalhando devagarzinho. Então foi um trabalho de formiguinha."

A vida como mulher a fez se sentir mais segura e feliz. A aceitação da família, dos colegas e dos amigos tornou o processo um pouco menos sofrido. Mas, agora que tem um corpo feminino, Hellen sente que corre outros riscos.

"Moro no Rio de Janeiro e aqui, claro, todo mundo corre o risco de ser assaltado, por exemplo. Mas, como mulher, tem também outros riscos, como o de ser atacada por violência sexual. Meus hábitos mudaram depois da transição. Não consigo mais sair depois das onze da noite ou andar sozinha em certos lugares."

Além disso, o policiamento da sociedade em relação a seu corpo também mudou em comparação à época em que tinha uma aparência masculina. Quando ainda se apresentava como um homem gay, Hellen tinha mais liberdade, não apenas de ir e vir, mas também na hora de escolher como se vestir no dia a dia: "Falam: 'Ah, Hellen, esse vestido está curto demais', 'Ah, Hellen, esse vestido está marcando demais', 'Ah, Hellen, esse ombro está nu demais para esse contexto'. São coisas que eu não ouvia e passei a escutar agora", explica.

Como mulher, ela passou a sofrer com o assédio sexual por parte dos homens, o que a obrigou a repensar a forma como expõe o próprio corpo.

"Se eu subir um pouco o vestido, vai ficar sensual; talvez, se fosse um homem com um shorts mais curto, não fosse tão sexualizado. Como mulher, você vai observando que as pessoas começam a olhar para o seu corpo, então a tua relação com teu corpo muda, também, no sentido de como se portar."

Isso se dá porque, apesar de ter pouco tempo desde que Hellen iniciou a terapia hormonal – com estrogênio, o hormônio feminino, e com bloqueadores de testosterona, o hormônio masculino –, seu corpo já não apresenta características masculinas mais visíveis.

"Com um ano de hormônios, meu corpo já mudou. Na região do quadril, acumula mais gordura, ganhei mais cintura; o corpo vai ficando mais feminino. Eu não vou ficar com o quadril enorme, porque a estrutura óssea também influencia: a bacia da mulher é mais larga por causa da gestação. Os seios estão crescendo, acho que vai rolar uma cirurgia no futuro, mas estão bonitinhos. Para um ano, o resultado está melhor do que eu esperava."

Para a universitária, a última etapa do processo de transição seria a cirurgia de redesignação sexual, em que, a partir da genitália masculina, os médicos constroem uma genitália feminina. Isso, contudo, vai ter que esperar alguns anos.

"Eu não pretendo entrar na fila do SUS, até porque, pelo que eu ouço de outras meninas trans, muitos profissionais que trabalham com isso não são bem preparados para lidar com a gente. Eu também estou com medo de passar estresse nessas filas todas. Prefiro esperar me formar e juntar um dinheirinho. Eu queria fazer em um hospital bom, com um cirurgião bom, para preservar a anatomia e a sensibilidade."

Hellen não tem pressa em fazer a cirurgia, pois tem uma visão própria da identidade trans. Diferentemente de outras mulheres, que gostariam de esconder sua condição transgênera, ela acredita que essa é uma identidade que precisa ser afirmada.

"Muitas mulheres trans acham que, para ser mulher, têm que ter uma genitália feminina. Nada disso! A peculiaridade de uma mulher trans também é essa: poder escolher se ela quer ter uma genitália feminina ou não, algo que as mulheres cis não podem. Apesar de eu particularmente querer ter uma genitália feminina, eu não deixo de ser mulher por ter uma genitália masculina."

Ela explica que, em seu ponto de vista, parte do preconceito em torno das mulheres trans está relacionado ao não reconhecimento das diferenças que as separam das mulheres cisgêneras, ou seja, daquelas que já nasceram com a genitália feminina.

"Muitas pessoas acham que eu quero ser uma mulher cis. Não, eu não quero. O que eu quero é ser uma mulher trans. A mulher cis tem suas individualidades: elas menstruam, eu não menstruo; elas cresceram a vida inteira como mulher, eu não, eu tive um passado em que o meu gênero foi o masculino."

Assim, para ela, o gênero feminino é mais diverso do que as pessoas normalmente acreditam que seja, e compreender isso poderia atenuar o preconceito.

"A minha vivência é diferente da de uma [mulher] cis. Eu sou uma mulher transgênera e tenho orgulho disso. Eu sou do gênero feminino, eu sou mulher, mas eu tenho a particularidade de ser trans, enquanto outras mulheres têm a particularidade de ser cis. É o que nos diferencia enquanto mulheres."

DIFERENTES E IGUAIS

Para a futura médica, também é importante observar a diversidade entre as próprias mulheres trans, que têm diferentes origens e histórias de vida, mas que frequentemente são reduzidas à sua condição de gênero.

"Uma palavra que define trans é *coragem*. Daquela que está lá se prostituindo na Lapa à minha, que estou aqui na UFRJ. A coragem talvez seja mais delas do que minha, porque eu ainda estou protegida, aqui. Às vezes, eu caminho pela Lapa à noite, olho para elas e penso: 'Poderia ser a minha realidade. Eu sou privilegiada'."

Sua família, que, apesar de humilde, a apoiou, e o acesso à informação foram pontos fundamentais para que ela encontrasse mais opções de trabalho do que ser prostituta, como é o caso de muitas garotas trans. Segundo números do Projeto Além do Arco-Íris, da ONG AfroReggae, apenas cerca de 0,02% das pessoas trans chegam à universidade. Aproximadamente, 72% não têm o ensino médio e 56% não terminaram nem mesmo o ensino fundamental.[16]

"Eu poderia ser como elas, porque o tratamento hormonal, o psicólogo, o psiquiatra são caros. Não paguei psiquiatra nem psicólogo porque eu tenho acesso na universidade. A terapia hormonal eu tive que pagar, e é muito cara. Nesse cenário, as mulheres trans vão fazer o quê? Vão se prostituir para pagar o hormônio, para pagar o silicone... A diferença é que eu tive a oportunidade de escolher, o que muitas não têm. Não dependeu só de mim, dependeu das pessoas que cruzaram meu caminho e eu tive sorte. Dependeu de eu fazer as escolhas certas, mas que me deram a oportunidade de escolher. Eu pude escolher, mas muitas outras meninas trans, não."

---

[16] "TransEmpregos fomenta inclusão de pessoas transgêneras no mercado de trabalho". Disponível em: <https://aupa.com.br/case-transempregos/>. Acesso em: 4 fev. 2021.

Nesse sentido, seria fundamental ampliar o acesso à educação, uma das grandes barreiras que dificultam o ingresso de muitas pessoas trans no mercado de trabalho formal e a conquista da cidadania.

"No Brasil, o preconceito recai mais sobre os mais fracos. Quando eu falo que faço medicina, por exemplo, as pessoas me respeitam mais. Não deveria ser assim, mas é. Nunca chegam a falar isso, mas às vezes você olha pra cara das pessoas e vê que elas estão questionando o fato de eu ser trans e fazer medicina."

Os desafios de ser uma mulher trans também perpassam os relacionamentos afetivos. O complexo é que, cada vez que for ter qualquer tipo de relacionamento, por mais superficial que seja, Hellen precisa explicar para o parceiro a sua condição trans.

"Ninguém chega em você e te pergunta: 'Oi, você é uma mulher trans? Oi, você é uma mulher cis?'. Geralmente, eu tinha uma política de falar antes de o cara me beijar. Mas é complicado, porque tem um machismo muito forte. O cara te puxa e já te beija, sem dar tempo de você falar. Outra coisa que existe é o fato de você não querer falar, é uma coisa tão pessoal sua, assim, para [contar a] um desconhecido na balada."

Na hora da paquera, quando revela ser trans, as reações são as mais diversas possíveis. Há os homens que se surpreendem. Há aqueles que não acreditam e dizem que é uma desculpa que Hellen arranjou para dispensá-los. Há os que são grosseiros. Contudo, independente da forma como agem, quase sempre, ao descobrirem a condição de Hellen, os homens desistem de ficar com ela.

"O cara chega com todo interesse do mundo, e eu falo que sou uma garota trans. A reação mais comum é ele ser educado, me dar um beijo no rosto, às vezes fazer um elogio e ir embora. A maioria vai embora, aparentemente perde o interesse. Por isso que, no começo, eu não falava. A autoestima vai lá pra baixo, você não se sente mulher. Mas, a partir do momento em que você se entende como mulher trans, você entende que é só o gosto dele... Mulher trans não era uma opção na infância dele. Na vida dele não tinha a mulher trans. Então, ele não aprendeu a achar uma mulher trans como uma opção. Às vezes, não é nem culpa da pessoa: ela não aprendeu que mulher trans é atraente também. Não tem como culpar aqueles homens que perderam o interesse em mim, mas os que gostarem de mim vão ter que gostar pelo que eu sou: uma mulher trans."

Os relacionamentos também são afetados pela questão oposta: os homens que se interessam por mulheres unicamente por conta de serem transgêneras, os chamados *t-lovers*.

"Ele [o *t-lover*] nos procura porque nós, trans, somos uma fantasia para ele. Eu não preciso necessariamente de uma história de amor, mas eu quero que o homem goste de quem eu sou como pessoa, e não especificamente por causa da minha condição de trans. É paradoxal, é difícil, eu sei."

6. Luiza

Os estudos sobre as pessoas transgêneras evoluíram bastante nas últimas décadas, graças principalmente aos avanços das técnicas de neuroimagem. A tecnologia possibilitou aos pesquisadores ter uma melhor nitidez nos exames de imagens cerebrais e, assim, ampliar o conhecimento sobre as diferenças entre o cérebro masculino e o feminino, um passo fundamental para a ciência começar a entender os indivíduos transgêneros.

As pesquisas descobriram, por exemplo, que as pessoas que sentem ter nascido em um corpo incompatível com seu gênero passaram, realmente, por uma alteração fora do padrão, quando ainda estavam em desenvolvimento dentro da barriga da mãe.

Foi assim com Luiza, nascida no dia 4 de abril de 1990, na periferia de Belo Horizonte (MG), filha de um vigilante e de uma manicure bastante conservadores. Mas ela demorou muito para descobrir isso.

Luiza tinha 22 anos quando começou a relembrar e a falar sobre sua infância e sua adolescência. Ela estava na sala da terapeuta Adalgisa, em uma clínica do SUS na Serra do

Cipó, interior de Minas Gerais. Ela ainda era chamada pelo nome de batismo masculino por todos, ainda se vestia como um homem, ainda estava perdida em relação à sua identidade de gênero, ainda não sabia o que era uma pessoa transexual nem uma cirurgia de redesignação sexual.

Ela chegou à psicóloga depois de passar por um clínico geral que a diagnosticou com síndrome do pânico. Seus principais sintomas eram mania de perseguição e descaso com o corpo e a saúde, pois vivia em condições de higiene precárias. Tinha também outra questão: o desejo de se vestir de mulher.

Para entender o que estava acontecendo, a psicóloga começou a lhe perguntar sobre sua história de vida até aquele momento. No início, foi muito difícil para Luiza falar da infância nas sessões. Era uma lembrança que não gostava de retomar. Um passado que deixara escondido em algum lugar e que não acessava.

Naquele momento de sua vida, também não pensava em nenhum futuro, nem próximo, nem distante. E torcia para o momento presente acabar logo. Sua rotina se resumia a acordar, beber, comer, fumar cigarro e maconha e dormir.

Só saía de casa, mesmo, porque precisava trabalhar com o pai em um escritório de negócios imobiliários para tirar uma grana, mas achava tudo chato demais. Para suportar o peso que era sua vida, começava o dia bebendo um copo cheio de vodca com gelo.

Sua aparência era vista como agressiva. Careca, com barba, muitos piercings pelo rosto e pelo corpo. Ela queria assustar, meter medo nas pessoas. Foi o jeito que encontrou para se defender, para, em suas próprias palavras, "impor uma masculinidade" que não tinha, mas que desde muito cedo ouviu que deveria ter. Como se fosse algo fácil...

"Mude, porque o seu jeito está errado", era o que mais ouvia na infância e no início da adolescência. A frustração por não conseguir ser o que ela não era pesava demais. Adalgisa foi puxando os sentimentos da memória de Luiza, mas ela não conseguia lembrar quando, exatamente, começou a se sentir estranha no mundo.

"Eu sempre fui afeminado. Eu não sabia como fazer, era o meu jeito. Desde que me entendo por gente, desde a minha primeira infância, eu tenho as primeiras recordações da família, pai, mãe, tios e tias me dizendo que eu tinha que consertar meus modos de alguma forma, que eu tinha um gingado no quadril, uma voz muito fina. Principalmente os homens do meu convívio diziam isso."

As pessoas da família falavam isso em que tom?

"Meu avô, por exemplo, era muito machista e chegou até a fazer ameaças. Quando eu tinha uns doze anos, eu furei a orelha pra usar brinco; ele falava que isso não era coisa de homem e que cortaria minha orelha com uma faca. Meu tio, isso minha mãe conta, falava muito para o meu pai: 'O Lucas [seu nome masculino de batismo], sei não...', pressionando para que ele reforçasse o meu comportamento masculino."

Até os nove anos, Luiza gostava de brincar de bonecas. Os amigos? Só meninas. Era com elas que preferia passar o seu tempo fazendo comidinha, brincando de casinha. Era uma criança que se sentia feliz assim, mas que sofria por não poder gostar das coisas de que gostava.

"Eu lembro que ganhei de aniversário uma sinuca de brinquedo, e isso era tudo o que eu menos queria! Foi meio traumatizante, porque eu chorei muito, dizendo que eu não queria uma sinucazinha, sabe?"

Seus pais faziam a mesma pergunta o tempo todo, a que ela não sabia responder: "Por que você não vai brincar com os meninos?". Ou sabia, mas ninguém entendia. Nem ela.

Em um determinado momento da infância, os pais acharam que mandar Luiza para a escolinha de futebol ajudaria a solucionar o suposto problema. Contudo, ela ia aos prantos e nunca conseguia interagir com os garotos.

"Meu pai me chamava pra me ensinar o que era ser macho: engrossar a voz, andar sem rebolar. Ele dizia que eu tinha um pênis, então eu tinha que ter um comportamento masculino. Mas, se não fosse pelo corte de cabelo e pelas roupas, eu era uma menina. Eu andava e me comportava como uma menina!"

A sua autoestima era chicoteada todos os dias, a todo momento. Em festas de família, por exemplo, Luiza gostava de se exibir para a câmera, dançando em frente à lente. O pai, que adorava gravar as festas de família, nitidamente se incomodava.

"Tem um vídeo em que estou desfilando. Eu devia ter uns seis anos de idade e estava desfilando tipo princesinha. Daí, minha mãe me tira de frente da câmera, mas antes fica me chamando: 'Lucas, Lucas, sai daí!'."

Luiza entendia que não podia dançar em frente à câmera, como as outras crianças, por ser afeminado. Entendia e se entristecia, sentindo que os pais não queriam esse tipo de registro dela. Mas ninguém lhe dizia exatamente o motivo de ela estar errada. O único sentimento do qual se lembra naquela fase é o de não ser a criança que os seus pais esperavam que fosse.

"Nessa idade, eu não entendia o que estava acontecendo. Eu me lembro, e isso foi bastante traumatizante, de um tio que me forçou a ficar olhando uma revista pornográfica. Eu tinha que olhar e ele falava: 'Olha, você tem que gostar disso daqui!'. E eu devia ter no máximo nove anos."

Conforme Luiza relembrava seu passado com a terapeuta, ficava mais claro para ela os conflitos internos que vivera na infância e o quanto eles ainda pesavam em sua vida.

"Eu tinha que conseguir aprender a andar do jeito que os meninos andavam, a sentar direito, a conversar direito, e entrei em um processo de me consertar, entende? Eu pensava que precisava mudar para ser uma criança amada, para ser uma criança aceita. Eu não tinha consciência de que eu era tão diferente. Eu não era livre para me expressar nem para me relacionar ou fazer as coisas de que gostava. Meu pai era muito duro comigo, mas eu achava que ele estava certo e eu, errada. Eu me lembro nessa fase de prestar atenção em como eu estava me sentando, como estava andando, conversando... Pensava: 'Será que minha voz está grossa?'. Com nove, dez anos de idade, eu já estava o tempo todo tentando me corrigir, me forçando ser quem eu não era."

Quando você se olhava no espelho e via seu corpo masculino, o que você sentia?

"Não existia problema de estética, ainda. Era um problema de autoestima, apenas."

E foi com essa baixa autoestima – a de ser uma pessoa errada e de não merecer ser amada – que Luiza entrou na adolescência, a qual foi, sem dúvida, a pior fase de sua vida, pois conheceu, além da violência psicológica, a violência física.

O BULLYING NA ESCOLA

Luiza sempre estudou em escola pública, na periferia de Belo Horizonte.

"Quando eu entrei na escola, o discurso era o mesmo da minha família: 'Anda direito, fala direito, comporte-se como menino'. Só que, na escola, o modo de me ensinar a ser homem era diferente. Os meninos me maltratavam, me batiam. Apanhei muito, mas muito mesmo. Eu morava praticamente na favela e, assim, minha condição nesses espaços era muito reprimida. Eu me lembro de muito soco na cara, muita joelhada no órgão sexual."

Foram várias trocas de escola por conta de bullying. Em cada uma delas, Luiza foi marcada por traumas imensos de violência física e psicológica. Foi assim no Projeto Curumim, na periferia de Contagem (MG), uma espécie de extensão escolar para manter as crianças longe das ruas em período integral. O objetivo desse programa estadual é atender preventivamente crianças em situação de risco social, ou seja, que convivem diariamente com violência, tráfico de drogas, prostituição e outros males sociais. Mas, ironicamente, foi dentro desse projeto que ela sofreu justamente uma das maiores violências da sua vida.

"Lá não era como na escola, porque na escola ainda tinha seus limites. Os meninos me batiam, mas só quando a coordenação não estava vendo, faziam escondido. Lá no Curumim, ficávamos mais largados, eram só duas mulheres que cuidavam do espaço e ficava aquele monte de criança lá. Então eu me lembro de que, no primeiro dia, eu já estava tomando soco e recebendo xingamentos: 'Mulherzinha, bichinha'."

Até que, um dia, um garoto chamado Abdo, que liderava uma gangue no Curumim, esperou Luiza na saída da escola com outros amigos, todos mais velhos que ela, entre doze e treze anos, e ela, apenas dez.

"Eles me levaram para um terreno baldio, próximo da escola, me fizeram tirar a roupa e disseram que eu teria que transar com uma menina que era namorada do Abdo. Com certeza, ela estava ali numa situação submissa também e exposta à mesma covardia que eu. Primeiro, o tal do Abdo foi lá e fez sexo com a namorada, na frente de todo mundo. Daí olhou pra mim e disse: 'Agora é você'. Eu tentei resistir, mas fui obrigada, recebendo pauladas e bicudas nas costas. Lembro muito bem que meu pênis ainda era muito pequeno, eu segurava com os dois dedos e não conseguia pegá-lo direito. Eu era uma criança, ainda! Quando eles perceberam que eu nem tinha pênis ainda pra transar, me bateram e me deixaram ir embora pra casa."

Quando você chegou em casa, seus pais te viram machucada? Você contou o que havia acontecido?

"Eu não tinha coragem de contar para os meus pais, porque dentro de casa eu ouvia a mesma coisa, que eu tinha que ser homem!"

A única vez que Luiza contou para o pai que estava sofrendo violência foi quando mais teve medo de morrer. Foi em uma escola chamada João Lopes Gontijo, em Ribeirão das Neves, município da grande Belo Horizonte (MG).

"Nessa escola, um menino que tinha a minha idade falou que ia me matar. Ele levou uma faca de cozinha para o colégio, e eu me lembro até hoje: ele na cadeira da frente e eu na cadeira de trás, ele virando de costas para a lousa, tirando a faca da mochila e me mostrando só a lâmina. Nesse dia, eu saí da sala, porque fiquei desesperada. Fui à diretoria e ali chamei meus pais. Disse para a diretora que os meninos queriam me matar, porque diziam que eu andava feito mulherzinha. Meu pai brigou, disse que isso não podia acontecer, mas não passava pela cabeça dele, mesmo assim, a condição de vulnerabilidade em que eu estava."

Trans 153

E quando seus pais te viam chegar da escola machucada?

"Eles não viam. Eu não contava. Eu realmente achava que o erro era meu. Eu tinha que me consertar. E era humilhante, sabe, se eles estavam falando que o meu problema era ser afeminado, como eu chegaria em casa e falaria que estavam me batendo por dizerem que eu ando rebolando?"

Luiza conta que, na última escola na qual estudou em Belo Horizonte, antes de se mudar para a Serra do Cipó, os próprios professores, de certa forma, ficaram do lado dos agressores, tamanho era o preconceito.

"Eu me lembro dos professores desse colégio percebendo isso, o tanto que eu estava sendo humilhada e apanhando. E os professores uma vez vieram conversar *comigo*. Ou seja, em vez de conversar com quem estava me agredindo, vieram conversar comigo, perguntar o que estava acontecendo, por que eles estavam me agredindo. Ainda perguntaram o que eu achava que estava fazendo de errado."

Situações como essa, em que uma pessoa trans enfrenta, o tempo todo, a sociedade reforçando que o erro está nela – e não na forma de a coletividade a olhar, como se o preconceito fosse justificável –, são extremamente comuns. Isso fez Luiza se sentir cada vez mais pressionada a tentar mudar o máximo que pudesse, para se enquadrar naquilo que as pessoas queriam que ela fosse.

Talvez a gota d'água, a situação limite, tenha ocorrido em uma aula de educação física nesse colégio da capital mineira.

"Depois do fim do jogo de futebol, que eu era obrigada a jogar na aula de educação física, um time inteiro, no vestiário, me agrediu. Dois me seguraram e o resto do time foi me dando joelhadas no órgão sexual. Isso era frequente, era comum entrar na sala de aula e algum deles me dar uma joelhada no saco. Mas nesse dia foi o time inteiro."

E como você reagia? Que sentimento lhe vinha nessas horas, Luiza?

"Eu sempre estava rindo, até pra quem me agredia. Sempre estava tentando agradar de alguma forma. Eu queria ser realmente amiga dos meninos. Porque eu pensava que, se eles vissem que eu era legal, parariam de me bater. Então sempre foi assim, eu chorava um pouco, ficava muitas vezes sentada no chão, no pátio da escola, com dor entre as pernas, mas eu ainda continuava rindo. Se me pedissem pra fazer alguma coisa, eu fazia, porque isso acontecia também: 'Vai lá pegar água pra mim', 'Vai comprar isso pra mim'. Eu fazia de tudo pra tentar agradar essas pessoas, pra ver se eu parava de apanhar, sabe?"

Até que, aos quinze anos, Luiza recebeu a notícia que lhe deu esperança de mudar completamente de vida: seu pai conseguira entrar em um novo negócio, a situação financeira da família melhorara e todos se mudariam para a Serra do Cipó, no interior de Minas Gerais.

Era a oportunidade que Luiza teria para "nascer de novo", longe das pessoas que a conheciam desde criança, em Belo Horizonte.

"Quando eu fui morar na Serra do Cipó, além de eu já estar mais 'consertada', vamos dizer assim…"

Como assim, mais consertada?

"Eu já conseguia, pelo menos, performar melhor o masculino, no modo com que eu conversava com as pessoas. Já era capaz de impor uma certa masculinidade, pelo menos, pra não ser zoada da mesma forma que eu era antigamente, no lugar onde eu cresci e todos me conheciam."

Além disso, o novo negócio do pai deu à família um status político na nova cidade, o que acabou a favorecendo. A partir daquele momento, com quinze anos de idade, ela parou de apanhar por conta da situação financeira da família. E tem um entendimento claro sobre isso: "Ser pobre e trans é uma coisa. Ter certa condição financeira e ser trans é outra".

NOVA VIDA NA SERRA DO CIPÓ

Com Adalgisa, Luiza também começou a relembrar a chegada à Serra do Cipó, aos quinze anos. Um ponto de virada em sua vida e quando montou uma verdadeira estratégia de sobrevivência.

"Eu cheguei na cidade ficando com todas as meninas com que eu podia ficar, pra já impor certa masculinidade, pra não me zoarem, porque disso eu tinha trauma e não queria mais apanhar. Cheguei bancando o 'pegador', mas não tinha relação sexual. Com quinze anos, eu saía de mãos dadas para as pessoas acharem que eu gostava de meninas. Mas eu já sabia que gostava de meninos."

O primeiro menino com o qual Luiza se relacionou, ainda como um garoto, apareceu em sua vida aos dez anos, quando ela morava na favela, em Belo Horizonte. Era Guilherme, filho do vizinho. O pai dele era o melhor amigo do seu pai.

"Ele me ensinou a transar. Ele era bissexual, mas não sofria bullying como eu. Ele era machão, era uma relação superescondida, pois ele ficava com meninas. Nossa primeira relação sexual foi um estupro: ele saiu correndo atrás de mim, pulou e fez sexo forçado comigo. E eu fiquei meio escravo daquela relação depois disso."

Por quê? Você gostava dele?

"Não. Eu gostava de ter alguém que gostava de andar comigo, que não tinha vergonha de andar comigo, que queria ser meu amigo de alguma forma, sabe. Ele deve ter sido zoado, mas continuava sendo meu amigo porque o pai dele era muito amigo do meu pai."

Ir para a Serra do Cipó foi uma libertação dessa relação abusiva, muito mais baseada em servidão do que em amor. Na nova cidade, Luiza alimentou a imagem de que gostava de meninas. Mas durou pouco.

Entre os novos amigos, estavam pessoas homossexuais que a levaram para conhecer grupos LGBTQIA+. Apoiada por esses grupos, aos poucos, ela foi criando coragem de assumir completamente sua homossexualidade enquanto homem e, mais tarde, sua bissexualidade. Virou ativista da causa. Primeiro, se assumiu nos grupos sociais e, depois, finalmente, para a família.

No auge da adolescência e com os hormônios à flor da pele, Luiza conheceu um menino e começou a namorar. Decidiu contar para a mãe.

"Foi um drama. Mas já estava feito. Ela chegou a me perguntar como eu tinha coragem de fazer isso com o meu pai! Mas, quando ela contou para ele, houve menos resistência do que eu imaginava que teria. Acho que a família já estava cansada de lidar com o filho problemático. Acho que eles pensavam: 'Agora ele vai acalmar'. E meus pais acabaram 'permitindo' que eu fosse gay. Não foi fácil para eles. Enfrentaram resistência de irmãos, primos e parentes mais distantes. Parte da família rompeu relações. Muitos deixaram de frequentar nossa casa e também de convidá-los para as festas de família."

Os pais de Luiza compraram essa briga por amor à filha. Para eles, com a aceitação da homossexualidade, o problema estaria resolvido. Ela era "homossexual" desde pequena e agora estava livre para viver sua orientação sexual, era o que pensavam.

Mas Luiza ainda não estava feliz. Ainda não sentia prazer nas relações sexuais e buscava incessantemente pessoas que pudessem ajudá-la a explicar o que era aquela insatisfação interna que sentia. E começou a alternar entre parceiros do gênero masculino e feminino.

"Eu namorava um menino, daí namorava uma menina. Independente de ser homem ou mulher, por quem eu me apaixonasse, eu ia namorando, e a cabeça dos meus pais foi ficando mais bagunçada ainda", lembra.

Se os pais dela não entendiam a bissexualidade da filha, ela mesma entendia menos ainda. Na verdade, Luiza já havia compreendido sua preferência sexual, que variava entre pessoas do gênero masculino e do feminino, mas ainda tinha um problema gigante com sua identidade de gênero. Ela não se sentia o homem que seus órgãos sexuais diziam que era.

"Eu me assumi bissexual, mas sempre tive problemas pra chegar ao orgasmo com meu órgão masculino. Eu não sabia quem eu era e focava muito a sexualidade. Eu pensava que realmente existia alguma coisa em mim que me impedia de sentir prazer."

A falta de prazer sexual e a sensação interna de viver como alguém que não era levaram Luiza a uma grande depressão. Por volta dos dezoito anos, já não escovava os dentes, não tomava mais banho, não queria mais se olhar no espelho. Começou a abandonar o seu corpo. O sentimento de disforia atingiu seu grau máximo.

"Minha fuga era com todo tipo de droga, bebida também. A performance que eu estava fazendo para, mesmo como uma pessoa bissexual, 'ser homem', ou seja, ter uma aparência masculina, estava fazendo com que eu não quisesse mais cuidar de mim, que eu me voltasse contra mim, praticando autoagressão. Comecei a me mutilar. Eu fazia cortes nos braços e no corpo com canivete ou gilete. Não eram tentativas de suicídio, eram tentativas de me machucar, de me punir, de me negar. Nessa época, eu já sentia vontade de me vestir de mulher. Cheguei até a pensar que eu pudesse ser uma travesti, mas também não fazia sentido com os meus desejos sexuais. Na minha cabeça, eu sempre me imaginava sendo penetrada pela parte da frente, eu imaginava que um dia esse pênis cairia e nasceria uma vagina. Quando eu era bem novinha, sempre me imaginava caminhando como uma garota para a escola e que um dia eu carregaria uma criança. Eu ficava imaginando que seria mãe! Era estranho porque, mesmo com corpo de homem, eu não pensava naquilo como algo impossível. Eram coisas que passavam pela minha cabeça. Eu tinha instinto maternal!"

Você dizia isso para seus pais?

"De jeito nenhum! Eram fantasias."

Luiza me lembra de que foi parar no consultório da dra. Adalgisa por conta da síndrome do pânico. E, mesmo tendo sentimentos conflitantes de disforia e mutilando o próprio corpo, acredita que a terapeuta não se aprofundou tanto quanto deveria nessas questões.

"Desde que me mudei para a Serra do Cipó, eu fiquei com uma aparência bem masculina para me defender dos traumas de infância. Mas, a partir do momento em que eu fui resgatando as minhas histórias e traumas de criança e a gente começou a entrar nessas reflexões, eu comecei a fazer muitas perguntas para a terapeuta: 'Mas como que é? Isso que eu sinto existe? É possível ser mulher? Na infância eu apanhei muito por ser afeminado, e agora? Até onde eu posso chegar com essa vontade de ser mais feminina? Será que eu posso tomar hormônio pra mudar o meu corpo?'. Eu não sabia o que era uma pessoa transexual. Eu sabia o que era travesti, e sabia também que isso eu não era, pois meu órgão sexual não me dava prazer. Eu o negava, diferente das travestis, que não rejeitam o seu pênis nem se imaginam sem ele. Mas eu sabia que eu poderia modificar o meu corpo de alguma forma. E queria fazer isso tomando hormônios. Foi quando a terapeuta me disse: 'Agora eu não posso te ajudar mais, porque eu não sou médica. Se você quer tomar hormônio, você tem que procurar um clínico'."

E, assim, Luiza foi encaminhada, dentro do sus, para o consultório da dra. Luísa Borges Abreu.

"Quando eu cheguei na dra. Luísa, falei: 'Eu não sei o que está acontecendo comigo. Na terapia, eu estou investigando minha infância e relembrando que, desde novinho, eu me sinto uma menina, recordando que eu sempre gostei de coisas de meninas'. Fui contando também como minha relação com meu corpo era difícil. Contei que eu pensava no meu órgão sexual fantasiando em diminuí-lo a ponto de transformá-lo em um órgão feminino. Contei também que eu cuspi na camisinha em várias relações sexuais, tanto com homens quanto com mulheres, pra fingir que eu tinha ejaculado. Eu não conseguia. Na minha cabeça, ali tinha outra coisa, era pra ser outra coisa. A fantasia era outra. Eu me imaginava sendo penetrada pela frente."

Foi quando aconteceu um dos momentos mais importantes da vida de Luiza. O momento em que, pela primeira vez, teve a sensação de que alguém finalmente a entendia:

"Eu lembro que a dra. Luísa abriu o livro dela e me mostrou uma Classificação Internacional de Doenças (CID):[17] identidade sexual feminina. E foi aí que eu soube o que estava acontecendo comigo até aquele momento da minha vida."

A dra. Luísa, que na época trabalhava como médica da família, conta que a consulta ficou guardada em sua memória:

"Não te preparam para tudo na faculdade de medicina. Me formei na UFMG, conhecida por sua excelência em ensino médico. Tive pelo menos três períodos de matérias diretamente relacionadas à psicologia e à psiquiatria, com renomados professores. Nada disso te prepara para alguns atendimentos, como foi nesse caso. Confesso que fiquei um pouco 'desconcertada' no início da consulta, mas mantive – ou tentei manter – uma postura impassível, como se ouvisse relatos como aquele todos os dias. Independente do meu conhecimento científico sobre as diferentes nuances das identidades de gêneros e das orientações sexuais de cada um, sabia exatamente o que precisava fazer naquele momento: ouvir."

Depois de entender a situação, dra. Luísa fez algumas considerações. A primeira foi deixar claro para a paciente que ela tinha direitos sobre o próprio corpo e que deveria respeitá-lo, não fazendo nada de que não tivesse absoluta certeza. Para iniciar qualquer mudança, era necessária a avaliação de um psicólogo ou de um psiquiatra que a ajudaria melhor com seu caso. Depois disso, ela explicou que havia uma diferença

---

[17] Desde maio de 2019, a Organização Mundial de Saúde (OMS) não considera mais a transexualidade como uma doença. Ver matéria: "Como ser transgênero foi de 'aberração' e 'doença' a questão de identidade". Disponível em: <https://g1.globo.com/ciencia-e-saude/noticia/2018/09/30/como--ser-transgenero-foi-de-aberracao-e-doenca-a-questao-de-identidade.ghtml> Acesso em: 4 fev. 2021.

entre nossa própria percepção de gênero – que nem sempre concorda com o fenótipo com o qual nascemos e segundo o qual somos criados – e nossa orientação sexual.

"Essa diferença me parecia clara, óbvia até, mas foi um conceito construído durante a minha formação médica, e percebi, ao ouvir o relato da Luiza, que fez toda a diferença para ela escutar essa explicação naquela consulta", relembra a médica.

Luiza conta que tudo o que a dra. Luísa falava fazia sentido. E descobrir que existiam várias outras pessoas transexuais como ela a fez sentir que não estava mais sozinha no mundo, que ela não era um bicho estranho nem uma aberração da natureza, mas simplesmente uma pessoa diferente. Afinal, ser transexual não é uma questão de opção. Ela sempre foi trans, nasceu trans.

Luiza descobriu, aos 23 anos, que todos os traumas pelos quais passou foram provocados pela ignorância e pelo desconhecimento das pessoas sobre o assunto, e não porque ela estava errada.

Qual foi a sensação quando você falou pra si mesma: 'Eu sou uma transexual!'?

"Foi muito bom, mas foi um processo, porque, a partir do momento em que fiquei sabendo, eu entrei num desespero de pensar o tempo todo que estava perdida pra chegar até ali. Porque ali eu vi aquela adolescência sofrida, tentando ser algo que eu não sou nem nunca fui. Voltaram pra mim muitas lembranças. Foram 23 anos de sofrimento até descobrir quem eu sou. Pensava, no início, que eu tinha descoberto tudo aquilo muito tarde e que eu já tinha perdido muito tempo da minha vida. E comecei a ter pressa pra me sentir bem e começar a viver. O primeiro passo foi ler tudo sobre o assunto e contar para minha mãe. Eu cheguei pra ela e falei com muita segurança, porque não tinha mais dúvidas depois de tudo que eu passei. Dizer que uma médica havia me ajudado a descobrir que sou uma pessoa trans parecia ter mais valor para minha mãe. Não era só eu dizendo, era a médica também. Apesar de eu ser totalmente contra essa ideia de transexualidade ser uma patologia ou um transtorno."

A mãe de Luiza também começou a pesquisar sobre o assunto. Gradativamente, passou a entender o comportamento da filha desde a infância. E, antes de contar para o pai, deu o seu apoio. Emprestou suas roupas para ela e deixou, durante uma semana, que ela ficasse no quarto vestida de mulher, enquanto o pai estava fora de casa.

"A primeira vez que eu vesti a roupa da minha mãe fiquei me observando muito no espelho. Eu estava com um vestido branquinho com florzinhas rosa-bebê, que eu adorava! De frente para o espelho, tentava ver outra estética em mim, outras imagens, até da roupa que eu vestia. E fui percebendo o quanto aquilo me fazia bem, me deixava feliz, confortável com minha aparência. Difícil explicar."

Luiza me conta que, apesar de forçar muito bem um jeito masculino de ser, ela nunca conseguiu realmente conviver bem entre os homens. Ela sentia que não era vista como um homem pelos próprios homens.

"Eu sempre percebi que o homem tem um jeito de tratar amigo homem com certas brincadeiras e, apesar de eu estar vestida como um, me comportando como um, os homens não me tratavam como homem, era uma coisa diferente. Ao mesmo tempo que as mulheres também não me identificavam como mulher. Ou seja, eu não tinha um meio. Sempre vivi solitária. Da consulta com a dra. Luísa até a aceitação de minha família

Trans   163

foi muito rápido. Eu queria correr contra o tempo. Fui pra frente do espelho, tirei a barba, tentava ficar mais bonita pra mim. Era um reencontro comigo mesma. E meu novo nome, Luiza, foi uma homenagem à médica que me fez nascer de novo."

"Era impossível imaginar que, em uma única consulta, com uma explicação simples, eu havia aberto as portas para uma mudança tão grande e significativa na vida de alguém!", conta a doutora sobre a homenagem. "Esse é o objetivo de vida de qualquer médico (e acho que de qualquer pessoa)! Ainda acho que não fiz nada de mais, nada de extraordinário, e por isso o sentimento de orgulho em ter ajudado mistura-se com um desconforto por não me acreditar merecedora dos créditos. Luiza e seus pais, eles sim, merecem mais do que aplausos! Conseguiram, dentro de um território pouco provável, passar por cima de preconceitos em busca da felicidade!"

Quando você contou para o seu pai?

"Foi minha mãe quem contou. E ele só aceitou porque viu minha condição como uma doença. Tipo, 'tenho uma filha doente e preciso ajudá-la'. Acho que ele viu ali uma oportunidade para morrer uma história e começar outra. Acabar com o Lucas, que lhe trouxe tanto desgosto, e ver nascer a Luiza. Uma ideia de que eu particularmente não gosto, porque para mim o Lucas nunca existiu, eu sempre fui a Luiza, a quem meus pais nunca conseguiram enxergar, a quem nunca conseguiram ajudar. Agora, com um diagnóstico médico, eles viram a chance de se livrar do Lucas, pois esse passado era muito problemático."

Enquanto Luiza me conta sobre a aceitação do pai de sua condição como pessoa trans, eu me lembro e conto para ela um momento dos bastidores da nossa reportagem: o dia em que a conheci juntamente com sua família. O pai estava muito fechado e, eu diria, até um pouco constrangido em conversar comigo. Percebendo sua dificuldade em falar sobre o assunto mais abertamente, contei a ele que a próxima novela das nove, *A força do querer*, da Glória Perez, teria um personagem transexual. Fiz isso na intenção de ele perceber que eu estava lidando com o assunto com a naturalidade que ele merece, sem preconceitos ou julgamentos. E funcionou. O rosto dele mudou. Na mesma hora, ele chamou a esposa e disse: "Olha, vai ter uma pessoa trans na novela!".

Talvez a sensação dos pais tenha sido a mesma de Luiza quando descobriu que não estava sozinha no mundo. Saber aquilo também os deixou menos solitários para enfrentar essa situação ainda tão desconhecida para eles, como se a novela fosse legitimar a existência de transexuais. Ou, então, trouxe um alívio, já que a novela contaria para o país inteiro o que eles tinham tanta dificuldade para entender e explicar. Era visível que seria mais fácil as pessoas aceitarem sua filha trans como algo normal, que faz parte da vida, se uma situação como a dela fosse mostrada em uma novela.

FASE DE TRANSIÇÃO

Com a aceitação da família, Luiza começou o período de transição.

As roupas passaram a ser femininas e, a partir daquele momento, ela começou a sofrer também todas as consequências de quem decide viver de acordo com sua identidade de gênero, e não com o gênero que lhe foi designado ao nascer.

"Foi uma loucura. Porque aí eu entrei num processo de impor minha feminilidade a qualquer preço. E isso foi difícil. Imagine pedir para as pessoas te chamarem por um nome que não foi seu pai que te deu, é complicado", lembra.

No trabalho, mesmo sendo funcionária do seu pai, enfrentou assédio, piadinhas e sempre se deparava com olhares cheios de preconceito e ódio, sentindo uma hostilidade no ar. Assumir sua identidade de gênero nesse ambiente, onde todos a conheciam como um homem, a fez pensar que era hora de partir para longe.

"Eu pensei que, naquele momento ali, era hora de eu pegar minhas malas, ir embora de casa e viver a vida em outro lugar. Talvez até entrar para a prostituição, porque é o que realmente acolhe pessoas trans quando vão pra rua procurar trabalho", reflete a moça.

Mas o apoio da família foi fundamental para que isso não acontecesse. Os pais decidiram ajudar Luiza a ir até o fim, ou seja, resolveram pagar pelo tratamento hormonal e usar suas economias para custear a cirurgia de redesignação sexual.

Era tudo o que Luiza queria naquele momento: finalmente viver de acordo com sua identidade de gênero. Afinal, foram 23 anos fingindo ser homem e se sentindo mulher. E, como a mulher que sempre foi, ela tomou a decisão que chama de "a mais anárquica" da sua vida: ter um filho, um sonho desde a adolescência. Ela sabia que, assim que iniciasse o tratamento hormonal, teria seu sistema endócrino totalmente modificado e provavelmente ficaria estéril.

Sua melhor amiga, Graziele, era quem estava o tempo todo ao seu lado. Ela sonhava em ter um filho também, mas não tinha um companheiro. E foi assim, como duas grandes amigas, sem nenhum relacionamento amoroso, que elas decidiram: teriam relação sexual com o único objetivo de gerar uma criança, antes de Luiza começar a tomar hormônios e fazer a cirurgia de redesignação sexual.

"Eu pensei que pudesse ser mais seguro e confortável para mim ter a criança, mesmo passando dificuldades, já que eu não tinha estabilidade financeira. Mas eu sabia que essa era uma forma de ficar dentro de casa, de criar uma perspectiva na minha vida, de ter alguém pra cuidar. Ter um filho, naquele momento, era ter uma responsabilidade, ter que fazer as coisas mais certas ainda para dar um futuro para ele."

Qual a relação de você ter filho com o fato de você estar prestes a fazer a cirurgia?

"Eu pensei, é agora ou nunca. Quando eu pensava na possibilidade de adotar, eu ficava imaginando: 'Quantas pessoas trans devem ter conseguido adotar uma criança? Qual a chance de um assistente social olhar pra minha cara de mulher trans e deixar eu adotar uma criança? Quando o mercado de trabalho vai me oferecer a oportunidade para adquirir independência financeira pra eu poder provar para o Estado e para a assistência social que eu posso sustentar uma criança?'."

Tinha um instinto maternal também?

"Sim, existia, mas, acima de tudo, eu me vi com a oportunidade de criar uma criança do mesmo jeito que as 'pessoas normais' fazem, só que construindo uma família diferente. Por isso que eu digo que foi de forma anárquica. Quando ele crescer, vai levar a nossa mensagem, o que é a nossa família, a nossa diferença, e ele não vai deixar de ter amor por isso."

Assim que Hael nasceu, os pais de Luiza caíram de paixão por ele, e ficou ainda mais urgente a necessidade de ajudar a filha com a cirurgia. Não daria para esperar a fila do sus.

"Meu pai, com o apoio que me deu naquele momento, compensou muito tudo que eu sofri pela incompreensão desde a minha infância. Fazer a cirurgia foi fundamental para a minha felicidade", explica.

A cirurgia aconteceu no dia quinze de março de 2016. É um procedimento de risco e de difícil recuperação. Foram duas semanas com sonda, cinco semanas para começar a andar. Três meses com dificuldade para se levantar, caminhar, sentar, tomar banho, urinar. Três meses com muita dor.

"Mas eu faria tudo de novo. Só assim eu pude retomar a minha vida, meu corpo, minha autoestima. Não é um luxo, não é algo estético. Minha vida sexual passou a existir. Eu consigo sentir prazer, eu consigo ter orgasmo. Sou totalmente segura de mim", conta ela.

Mais confiante, Luiza encontrou uma pessoa.

"Eu conheci o Alisson há quatro meses, e a gente praticamente já casou, somos dois arianos e combinamos muito. Ele tem orgulho de mim. Ele gosta de mim, não tem vergonha de me apresentar para as pessoas como uma mulher trans. Ele ama meu corpo, ele me dá prazer e faz eu me sentir completa. Está sendo maravilhoso."

Luiza continua trabalhando com o pai, que também arrumou um emprego de servente para Alisson na mesma empresa. Os dois estão construindo um puxadinho atrás da casa dos pais dela, no mesmo terreno.

Depois da cirurgia, Luiza deu entrada para a troca de nome e gênero nos documentos. Foram dois anos de espera. Ela já tinha o órgão sexual feminino, mas seu documento ainda a apresentava como um homem.

"Se eu tivesse sido presa, iria para um presídio masculino. Sem falar que até ginecologista se recusava a me atender", comenta a moça.

168 Renata Ceribelli e Bruno Della Latta

Hoje, na carteira de identidade e na certidão de nascimento, só existe o nome Luiza Valentim, do gênero feminino. O Hael mora com ela, e a Grazi o visita nos fins de semana. E quando alguém pergunta:

Hael, quem são seus pais?

[Ele responde imediatamente:] "Sou filho de duas mamães."

7. Helena e Anderson

Julho de 2015. Em um hospital de Porto Alegre, nasce Gregório. Um menino forte, pesando 3,6 quilos e medindo cinquenta centímetros. Ele faz parte de uma geração que, provavelmente, vai olhar com muito menos preconceito e com mais naturalidade para pessoas transexuais. E, com certeza, Gregório é um representante da formação de um novo tipo de família, pioneira no Brasil, e completamente fora do padrão tradicional. Afinal, Gregório é fruto do amor de um casal trans e foi gerado de maneira inusitada: no útero do pai.

Embora pareça confuso, a situação é exatamente essa.

Anderson, o pai, nasceu com a genitália que seria do sexo feminino. Helena, a mãe, nasceu com a configuração do sexo masculino e prefere não revelar seu nome de registro anterior à transição.

Eles se conheceram, se apaixonaram e, depois de dois anos juntos, foram pegos de surpresa pela notícia da gravidez de Anderson. Não foi nada planejado. Apesar da situação financeira difícil, o casal decidiu seguir em frente. Anderson trabalhava como gari e Helena, como atendente de telemarketing.

O maior desejo de ter um filho era dela. Helena sempre sonhou em ser mãe, apesar de saber que, pela sua natureza biológica, jamais conseguiria gerar uma criança. Por isso, reagiu com emoção e infinita alegria ao saber da notícia. Já Anderson, em um primeiro momento, ficou confuso. Sua cabeça se encheu de dúvidas. Como seria ver a barriga crescer, os seios se encherem de leite, viver os próximos nove meses se sentindo e se identificando com o sexo masculino, mas experimentando a maternidade, algo que a sociedade considera exclusivamente feminino?

Como as pessoas reagiriam ao vê-lo na rua, no ônibus, no trabalho – uma figura masculina como a dele, usando roupas de homem –, "grávido"? Eles já tinham superado todos esses obstáculos quando conversamos pela primeira vez. Já havia se passado um ano do nascimento do filho. Mas, ainda assim, o olhar preconceituoso da sociedade persistia sobre o casal.

A GRAVIDEZ

Julho de 2016. Nossa conversa aconteceu em uma praça de Porto Alegre (RS). Encontrei um casal com as mesmas expectativas e dificuldades de qualquer outro que está com um bebê de um ano de vida. Gregório tinha acabado de começar a andar e se agitava bastante no seu novo desafio, correndo para lá e para cá. Ora ficava mais inquieto, ora mais tranquilo... Mas o que chamava a atenção era mesmo a sua beleza. É um menino extremamente bonito. Tem a pele negra dos pais, com olhos e cabelos claros da família do Anderson, e uma alegria encantadora.

Em nenhum momento vocês planejaram esse filho?

"Não", diz Helena. "A gente sempre se preveniu, mas aconteceu um deslize, e a menstruação do Anderson atrasou. Nós esperamos alguns dias e compramos um teste de gravidez na farmácia do shopping. Fomos fazer o teste no banheiro do shopping mesmo, e deu positivo."

"Ela ficou nervosa, não parava de chorar", conta Anderson. "Eu fiquei normal, bastante surpreso. Mas parecia que era brincadeira, que não estava acontecendo."

A entrevista tem que ser interrompida pelo choro de Gregório, ou melhor, pela fome dele. E o garoto começou a mamar no peito de Anderson.

"Eu sei que está errado, me falam para eu dar mamadeira para ele, mas eu não me importo. Enquanto ele quiser, eu vou dar", diz o pai.

Helena não esconde seu descontentamento com a situação.

"Acho que ele deveria parar. Minha avó já falou que está na hora de dar leite normal, mas o Anderson não aceita. Só quer parar quando o Gregório não quiser mais o peito."

Como as pessoas reagem quando sabem que vocês formaram uma família nessas circunstâncias?

"Elas não acreditam. Na maioria das vezes, acham que o Gregório é adotado, por ser filho de um casal trans."

E você fica bravo?

"Às vezes. O importante é que eu sei que não é."

Eles contam que têm que dar explicações o tempo todo, especialmente quando Anderson está amamentando.

"As pessoas ficam me olhando assim, me encarando, até eu dizer pra elas: 'O que foi? Nunca viu?'. Daí elas param. Outro dia, no posto de saúde, eu estava dando o peito pra ele, veio uma mulher e disse: 'Nunca vi um homem amamentando!'. Daí eu falei: 'É que eu fiz uma cirurgia'. Umas pessoas mais grosseiras já vão logo dizendo: 'Nunca vi uma lésbica amamentar'."

"As pessoas ficam muito impressionadas", complementa Helena. "Mas, desde o início da gestação, era difícil explicar que, no nosso caso, o pai é que estava gerando a criança."

Anderson começou sua transição aos quinze anos. Helena, aos dezenove. Eles tinham 21 e 26 anos, respectivamente, quando Gregório nasceu. Apesar do desejo de viver este sonho de ter um bebê e formar uma família com Helena, não foi fácil para Anderson viver um momento considerado tão feminino como a maternidade. Quanto mais a barriga crescia, mais ele se esforçava para escondê-la.

"Eu tinha vergonha de andar na rua. Comprei camisetas bem grandes para disfarçar. Tinha vergonha dos meus amigos. As pessoas ficavam olhado estranho e às vezes diziam: 'Nossa, como você engordou!'. E eu respondia que era gravidez, mesmo. Daí elas levavam um susto, e eu tinha que explicar toda a história. Eu só curtia a barriga, mesmo, quando estava a sós com a Helena. Aí, sim, eu acariciava a barriga, ficávamos juntos vendo o movimento dos pezinhos, os chutes, chorando de emoção."

"É um dos melhores momentos que você passa com seu filho dentro da barriga, né, quando ele se mexe", conta Helena.

Era como se ele estivesse na sua barriga, Helena?

"Teve consultas que parecia que sim, quando o médico me mostrou os batimentos, a cabecinha dele…"

Teve alguns momentos em que você sentiu mais o seu lado feminino, Anderson?

"Não sei dizer. Eu só sei que chorava por qualquer coisa."

Helena completa:

"Eu percebi uma diferença muito grande nele. Ele chorava por tudo. Até por qualquer briguinha, coisas do dia a dia para as quais antes ele não ligava, ele ficava supersensível. A maternidade mexeu com o emocional dele, sim. E ele tinha muitos desejos de grávida."

Helena não esconde certo desapontamento por não estar no lugar de Anderson, por não ter sido ela a gerar o filho em sua barriga nem a amamentar o Gregório. Mas, ao mesmo tempo, sente-se abençoada, pois nunca tinha imaginado que teria um filho de maneira natural. E o tempo todo reitera que eles vivem a rotina de uma família comum.

"Acho que a única coisa que ele faz hoje de papel de mãe é a amamentação. No dia a dia, somos um casal com funções normais de pai e mãe. Eu sou a mãe", diz ela, enfaticamente. "E ele é o pai."

Você concorda, Anderson?

[Ele concorda balançando a cabeça.] "Mas às vezes ele se engana e me chama de mãe. Daí eu falo: 'Não é mãe, é pai'."

E aí, o que vocês fazem?

"Eu falo sempre: 'Vai lá com a mãe!'", diz Anderson. "E ele já aprendeu a ir certinho. E quando ela fala: 'Vai lá com o pai', ele vem certinho em mim. Só que muitas vezes ele ainda se confunde na hora de nos chamar e acaba me chamando de mãe."

"Mas às vezes ele chama nós dois de mãe, também", conta Helena.

Helena acredita que essa confusão do Gregório é uma influência dos familiares de Anderson. Seus familiares não conseguem considerar que ele seja o pai, assim como ainda não entendem a relação entre duas pessoas trans, e ficam se referindo a Anderson o tempo todo como sendo a mãe do Gregório. O próprio Anderson ainda é chamado pelo nome de batismo pelos pais, tios e primos.

"Meus pais ajudam a cuidar do Gregório", Anderson conta. "E quando eu tô chegando do trabalho, eles estão com ele na frente de casa e dizem: 'Corre lá com a sua mãe!'. E ele vem correndo para os meus braços."

"Eu nunca presenciei, mas sei que a família dele trata o assunto dessa forma. E claro que eu não gosto, porque eu é que sou a mãe do Gregório", Helena afirma.

ESPERANÇA

Pouco tempo depois de nossa entrevista, o casal se separou e os dois começaram a disputar na Justiça a guarda de Gregório.

A advogada Carmen Fontenelle explicou na série do *Fantástico*, na época, que, a partir de uma lei de 2014, a guarda compartilhada é regra, independentemente da formação do casal: seja ele heterossexual, homossexual, seja composto de pessoas trans.

"É imposto aos pais que eles se entendam", Carmen informa. "A não ser que um não tenha, por algum motivo, capacidade de exercer a guarda. O juiz geralmente elege uma residência principal, que é importante para a criança ter de referência."

Embora o relacionamento de Anderson e Helena tenha acabado, o nascimento de Gregório representa uma esperança de uma geração com outro olhar para as pessoas trans. Com simplicidade, Helena conta como explicará a situação para o filho:

"Nós vamos falar para o Gregório: 'Olha, um dia, eu, sua mãe, fui homem e virei mulher, e o seu pai foi mulher e virou homem'. Enfim, vou dizer que nós somos trans e que ele foi gerado com amor em uma família de um casal trans. Eu não tenho medo desse momento chegar. Não tenho mesmo. Eu acredito que, da forma que a gente cria e o meio em que vive, o Gregório não vai ficar magoado, não vai ficar sentido com a gente. Ele vai aceitar numa boa. Ele não vai ter vergonha nem preconceito dos pais."

Gregório vai aprender desde cedo que as pessoas são diferentes. Afinal, a diversidade humana é cheia de ramificações, e, quando estamos falando de amor, não existe diferença.

8. Lecca

A decisão sobre quem seriam os entrevistados da série estava fechada. As gravações, inclusive, estavam bem adiantadas. Na volta de uma delas, o Adriano, motorista da equipe, parecia bem interessado na conversa. Em determinado momento, ele interrompe o papo e diz:

"Eu tenho uma irmã trans, e ela não consegue arrumar um namorado. E olha como ela é linda!"

Adriano saca da carteira a foto da irmã e mostra a todos com orgulho.

Não dá para desmentir. Lecca é bonita, mesmo. Mas nem sempre ela se sentiu assim.

Para entender a história dela, é preciso ir ao lugar onde ela nasceu, cresceu e vive até hoje. Lecca é de Vila Califórnia, um bairro da periferia de São Paulo (SP), no subdistrito de Vila Prudente, onde quase todas as casas são habitadas por pessoas de baixo poder aquisitivo. Fica a uns treze quilômetros do centro, perto da divisa com a cidade de São Caetano do Sul. Muito cinza e pouco verde.

O funcionamento do bairro parece o de uma cidade do interior, talvez por ficar isolado do resto da cidade. Sair de lá com transporte público e chegar até o centro é um pouco difícil: em horário de baixo movimento, a viagem dura cerca de uma hora e meia. O comércio é pequeno. As famílias geralmente moram lá há muito tempo, quase todas se conhecem e falam umas com as outras.

Lecca é filha da Wilma e do Antonio Carlos.

Wilma era faxineira. Sempre foi ela o arrimo da família. Trabalhou em hotel, motel, empresa, casa de família. Pegou sua aposentadoria com cinquenta anos, por invalidez. Isso se deu porque a creche onde seus filhos ficavam, quando pequenos, fechou. Sem ter com quem deixá-los e ainda esperando vaga em outro lugar, ela decidiu bater com uma barra de ferro na própria perna, dentro do trabalho.

Pois assim, com a perna quebrada, seria afastada. E, quando chegou em casa, tirou o gesso para postergar a recuperação. Sabia que três meses não seriam suficientes para conseguir novas vagas para os filhos. Precisaria de mais tempo. Dessa forma, conseguiu os seis meses necessários para não deixar seus filhos desassistidos. Mas acabou ficando com sequelas permanentes.

Antonio Carlos, marido de Wilma, hoje também é aposentado. Ajudava em casa de forma esporádica. Havia períodos em que não lidava bem com o alcoolismo, e grande parte do salário ficava no bar. Juntos, os dois tiveram a Adriana, a filha mais velha; o Adriano, o filho do meio; e a Alessandra, que hoje prefere ser chamada de Lecca.

Alessandra sempre foi a mais apegada com a mãe. Desde muito cedo, limpava e cozinhava em casa para ajudá-la.

Era, na visão da Wilma, a caçula com quem ela poderia sempre contar.

Tanto é assim que Lecca foi compreensiva e pouco chorou quando a mãe decidiu dar outro destino ao seu coelho de estimação. A situação estava difícil. Na história dessa Alice, o coelho branco acaba morto para saciar a fome de sua família.

Esse não foi o único episódio em que Lecca teve que ser compreensiva com a falta de dinheiro em casa. Aos onze anos, ela caiu no chão enquanto brincava e quebrou todos os dentes da frente. Teve que entender quando a mãe disse que a família não tinha dinheiro para arrumar o estrago.

"Eu aparentava ser um menino muito feio. Era magro, banguela e tinha uma bunda grande. Mas eu não exigia nada além do que meus pais poderiam dar", diz ela.

Wilma não tinha essa mesma segurança com o Adriano. Tentava dar a ele todas as oportunidades e mimos para que ele não se sentisse atraído pelo crime, muito presente na região. Mas o grande conflito na família aconteceu com a Adriana. A mãe ficou furiosa quando soube, de conversas com vizinhos, que a filha de quatorze anos havia perdido a virgindade. Vociferou que não criaria filho de ninguém. E não criou.

Aos dezesseis, quando engravidou, Adriana saiu de casa para morar com o então marido. Hoje, separada e formada como auxiliar de enfermagem, continua não precisando de ninguém para cuidar de seus dois filhos. Já Lecca parecia que nunca daria trabalho.

Ela sabia desde muito cedo que era uma menina. Porém não se importava que a chamassem por um nome masculino nem a tratassem como menino.

"Eu me olhava no espelho e via uma menina. Ponto."

Na escola, o drama era para fazer parte da fila das meninas. Essa foi a única grande briga que comprou durante toda a infância.

"Eu sempre batia o pé. Sabia que pertencia àquele lugar. Eu evitava entrar em atrito com as pessoas, apesar de ter um gênio bem forte."

Talvez outros instintivamente já a vissem também dessa forma, como uma menina.

Lecca perdeu a virgindade com um garoto do bairro, aos doze anos. Foi uma relação fria. Sem carinho, sem beijos. Ele era mais velho, tinha dezesseis, e procurava Lecca de tempos em tempos para satisfazer suas vontades. Tudo sempre feito de forma muito mecânica. Mesmo assim, Lecca acreditou que poderia ter uma relação com ele. Acreditou até os quinze anos, quando ouviu dele que nunca namoraria outro menino.

Naquela mesma época, Lecca começou a fazer pequenos trabalhos: distribuía panfletos, ajudava na faxina da casa de vizinhos, cuidava de velhinhos do bairro. Fez esses serviços até juntar dinheiro suficiente para comprar uma prótese dentária pré-moldada, conhecida como perereca.

O dia em que ela conseguiu comprar a prótese, combinou de ir com um amigo na matinê de uma boate do centro da cidade. Pegou escondido um sutiã da irmã, uma calça justa da namorada do irmão, e foi.

"Me arrumei numa padaria que ficava do lado. Era a primeira vez que me vestia como mulher. Com os dentes e aquela roupa, eu estava me sentindo linda. Pela primeira vez, eu me sentia linda."

No mesmo dia, teve outra primeira vez. Lecca beijou na boca, o que nunca tinha feito antes. Foi o dia do primeiro beijo, do segundo, do terceiro, do quarto...

"Eu beijei uns quinze carinhas. E acabei batendo ponto naquele lugar por uns dois anos", lembra ela.

Foi nesse mesmo lugar que Lecca teve seu primeiro contato com outras transexuais e travestis. Com elas, começou a aprender o que precisaria fazer para que seu corpo tomasse formas femininas.

"Elas me falaram sobre os anticoncepcionais que precisaria tomar, mas era tudo muito caro. Precisava arrumar um emprego logo", conta.

Lecca foi trabalhar num salão de beleza. Ganhava 180 reais por mês, para ficar das oito da manhã às seis da tarde. Era menos do que o salário mínimo da época. Para economizar tudo, ia a pé até lá, o que demorava cerca de uma hora e meia.

"Eu fui explorada, mas sentia que era uma oportunidade para mim. Com esse dinheiro que ganhava, pagava as contas de água e luz em casa e ainda consegui juntar dinheiro para pagar uma prótese dentária feita para mim. Era minha prioridade. Antes de querer ter meus seios, eu queria ter meus dentes."

Então saiu daquele salão e conseguiu trabalho em outro, onde ganhava 540 reais.

"Isso era uma fortuna pra mim, na época. Peguei todo meu primeiro salário e realizei o sonho da minha mãe."

Mãe e filha foram ao supermercado. O sonho de Wilma era conseguir encher um carrinho inteiro de compras. Neste dia, conseguiram encher dois.

"Minha mãe fez questão de entrar com as compras bem aos poucos. Queria que os vizinhos vissem o tanto de comida que estávamos levando para dentro de casa."

Lecca também conseguiu ir juntando dinheiro para comprar os tais anticoncepcionais. Comprou tudo de uma vez e guardou no meio das roupas. Ela tinha dezoito anos.

MUDANÇA

Era sábado, dia de faxina em casa e dia da Lecca dormir até mais tarde. Mexendo no armário dos filhos, Wilma descobriu várias caixas de remédio nas coisas da caçula.

A mãe ficou desesperada. Achou que eram drogas, mas decidiu checar antes de decidir o que ia fazer. Ela pegou uma cartela e levou para uma farmácia que ficava na esquina da rua de casa. Chegou lá e perguntou o que era aquilo ao farmacêutico:

"Mas isso é do meu filho. Por que ele está tomando anticoncepcional?"

"Ah, isso é uma coisa que você vai ter que perguntar a ele."

E ela correu para perguntar. Acordou Lecca com as cartelas na mão, querendo uma satisfação.

"Fui pega de surpresa, mas não ia mentir. Só tentei explicar de uma forma que achei que ela entenderia melhor. Falei que eu era gay e que queria virar uma menina."

Lecca só queria fugir daquela situação. Depois da explicação, virou para o lado e esforçou-se para dormir. Enrolou na cama o quanto pôde. Quando se levantou, estavam todos da família reunidos na sala. A mãe esperou o filho Adriano acordar e chamou o pai, que, na época, tinha uma banca de jornal no bairro.

"Ela virou para mim e disse que já tinha ligado para toda a família. Todos tinham sido avisados. A partir daquele dia, era pra todo mundo me tratar como mulher. O único pedido que me fez foi pra que eu não ficasse me esfregando por aí com muitos homens. Então, eu nunca levei homem pra casa."

Na semana seguinte, ganhou seu primeiro sutiã. Presente da mãe. Precisava agora encontrar um novo nome para chamar de seu.

Ela sempre ouvia o significado do seu nome de batismo e sabia da importância dele para sua mãe. Perguntou se ela tinha escolhido também algum nome feminino antes do nascimento. A resposta foi negativa.

A filha, então, tentou pensar com a cabeça da mãe. Seus outros dois irmãos tinham nomes que começavam com a letra A. Escolheu Alessandra. Só mais tarde, ela seria apelidada de Lecca.

"Eu sinceramente não tinha problema com o meu nome. Ele tinha uma história e eu tinha uma história com ele. Não me doía como para outras pessoas. Era só um nome pra mim. Meu pai, por exemplo, me chamava de Pam. Era esse meu apelido dentro de casa. Mas eu precisava de um nome feminino. Sabia que as pessoas poderiam usar meu nome de batismo para tentar me ofender, me atacar na rua. Por isso, eu não revelo pra ninguém que me conheceu depois disso."

Assim, ela foi se transformando na mulher mais bonita do bairro de Vila Califórnia, segundo os próprios moradores. Alguns, quando chega um desavisado na área, gostam de fazer chacota. Costumam dizer, apontando para ela:

"A mulher mais bonita do bairro é homem."

Esse é o máximo de desrespeito que têm com a moça.

Na cabeça de Lecca, seus atributos físicos foram determinantes para ela conseguir o respeito que tem hoje. Também é vista por todos como uma pessoa muito batalhadora.

"Tudo o que eu conquistei, eu conquistei sozinha. Aprendi isso com minha mãe. Nunca dependi de homem nenhum."

Conseguiu montar um salão de beleza nos fundos da casa alugada da mãe e estava juntando dinheiro para lhe dar uma casa própria, até o dia em que viu, pela televisão, uma entrevista com uma transexual no programa do Jô Soares. Ela contava ter feito a cirurgia de redesignação sexual com um médico brasileiro.

Anotou o nome e procurou pela clínica no dia seguinte.

Aos 26 anos, Lecca fez a cirurgia. Usou o dinheiro que estava guardando para comprar a casa da mãe. Ela conta que o médico ficou impressionado com sua recuperação no pós-cirúrgico. É que ela foi muito bem cuidada: a mãe acompanhava todos os seus movimentos, levava para ir ao banheiro, dava banho, comida na boca. Não se lembra de ter sentido dor.

O episódio de Lecca, na série, começa com ela indo para a balada com algumas amigas. Todas elas são do bairro. Aliás, todos os amigos de Lecca continuam sendo do bairro, a maioria é conhecida desde a infância.

"Foi a melhor coisa que aconteceu pra mim. Eu fiquei famosa aqui e ainda mais respeitada."

A FAMÍLIA

Hoje, ela tem sete sobrinhos. Dois são filhos da irmã mais velha e cinco, do irmão. Por um bom tempo, morou junto com ele e cuidava de duas das crianças.

"Até perceber que eu estava fazendo igual a minha mãe. Meu irmão não precisava pagar nada dentro de casa. Eu passava a mão na cabeça dele igualzinho a minha mãe. Eu fui morar em outra casa, mas ele continua sendo o meu irmão mais próximo. Ele é muito amoroso comigo."

Todos os sobrinhos sabem da trajetória de Lecca. A série "Quem sou eu?" passou a ter importância na família também nesse aspecto, pois é sempre usada para introduzir às crianças o conceito de transexualidade.

"Eu vejo que o entendimento deles é outro. Sempre fui chamada de tia. Mas não sei nem se eles sofrem algum tipo de bullying na escola por minha causa. Nunca me disseram nada sobre isso. Só lembro de meu sobrinho mais velho me falando que os amigos dele me achavam supergostosa", ri.

VIRGEM

Para quem assistiu a Lecca pela TV, o que ficou marcado foi o fato de ela se dizer virgem. Lecca explica que, desde os doze anos, faz sexo oral e anal, mas, desde que fez a operação, nunca fez sexo com sua vagina. Até hoje, ela se considera virgem. Fala que vai esperar o homem certo "para se entregar".

"A saúde da minha vagina é perfeita. Eu me masturbo, tenho orgasmos, continuo fazendo sexo anal. Eu quero que ao menos seja com alguém que realmente me veja como mulher. Paguei muito caro por essa vagina. Não vou entregar para qualquer um. Tem que ser alguém que me apresente para a família, para os amigos, não tenha vergonha de mim nem da minha história. Acho que me tornei uma mulher conservadora."

Aquele garoto com quem ela perdeu a virgindade, quando ainda aparentava ser um homem, foi um dos que tentaram levá-la para a cama após a cirurgia.

"Vai ser a última pessoa com quem vou me deitar. Quando ele disse que nunca namoraria comigo, eu respondi que um dia ele iria me querer."

Estimulada talvez pelos filmes e pelas novelas que costuma ver, Lecca sente um gosto de vingança na decisão de esnobá-lo.

O PRESENTE

Wilma nunca disse isso, mas, para a Lecca, parece que essa fala, de preservar a virgindade, encheu a mãe de orgulho. De qualquer forma, ela não teve oportunidade de explicar essas contradições. Wilma morreu, vítima de um AVC, em 2017. Foi a filha mais jovem quem organizou a despedida, algo que o bairro nunca tinha visto antes.

"Teve comida o dia inteiro, muitos momentos de oração. Parecia velório americano. Devem ter ido mais de quatrocentas pessoas. Eu trabalhei feito uma condenada, mas fiz questão de pagar tudo."

A série também ajudou Lecca a ganhar mais dinheiro. Todos no bairro quiseram ser atendidos no salão de beleza da mulher que apareceu no *Fantástico*, e a estrutura montada no fundo da casa da mãe ficou pequena.

Foi então que ela abriu um espaço no centro da cidade de São Caetano do Sul. Chegou a ter dez funcionários, mas precisou fechar o negócio com o início da pandemia da Covid-19. Mesmo assim, conseguiu juntar dinheiro para comprar três terrenos e nove pequenas casas na Vila Califórnia. Em uma delas, mora atualmente com o pai.

Mas o que fica mesmo ecoando em sua cabeça é uma fala de sua mãe, que, para ela, é uma grande lição de autoestima e valorização do próprio corpo:

"Você é linda. Não se esqueça nunca disso. Você é uma mulher linda."

9. Bárbara

Bárbara Aires é uma mulher trans, militante da causa LGBTQIA+, e foi consultora durante os seis meses de produção, edição e finalização da nossa série.

Ter uma pessoa trans trabalhando conosco foi fundamental. A comunidade em questão é muito sensível aos termos usados para descrevê-la – especialmente pela comunidade médica, devido às terminologias que consideravam homossexualidade e transgeneridade como desvios ou doenças –, e precisávamos estar atentos a isso. Era a Bárbara a quem recorríamos quando as dúvidas surgiam.

Nossa consultora também teve um papel fundamental na busca de pessoas trans dispostas a contar sobre suas vidas e seus dramas em um programa com tanta audiência e repercussão como o *Fantástico*. Com uma grande participação na comunidade LGBTQIA+, tê-la trabalhando conosco dava mais segurança tanto para nós, da equipe, quanto para nossos entrevistados, que sabiam da luta dela pela causa.

No dia em que a produtora do *Fantástico*, Nunuca, me levou para conhecê-la, Bárbara estava com o Patrick, seu namorado, que também é trans. Logo no primeiro momento, já tive uma aula sobre direitos e reivindicações, sobre ignorância e preconceito contra as pessoas transexuais. Ela já morou na rua, já foi prostituta e assessora parlamentar.

A HISTÓRIA DE BÁRBARA

Bárbara nasceu em São Paulo, capital, no dia 25 de novembro de 1983. Ela prefere não dizer seu nome de registro escolhido pelos pais, por isso se refere a si mesma, no período anterior à transição, como Marcelo.

A mãe, falecida em março de 2020, era uma pernambucana, semianalfabeta, que deixou o trabalho no canavial e foi para a cidade com a família em busca de uma vida melhor. O pai é policial militar aposentado, mineiro, extremamente homofóbico.

Como a maioria das pessoas trans, ela conta que, desde sempre, se reconheceu como alguém com comportamento diferente daquele esperado pelos familiares.

"Minha família diz que, com três anos, já olhava pra mim e falava que eu era diferente, porque eu já brincava de casinha, costurava roupinhas, fazia desfile com as bonecas. Quando meu pai me levava ao supermercado para fazer compras com ele, eu ia direto para a sessão de brinquedos para pedir uma boneca de presente. E, quando ouvia o 'não', chorava, esperneava, me jogava no chão, dava o maior escândalo. Até que, um dia, ele deixou de me levar com ele."

"Quando fiz três anos, ganhei meu primeiro irmão. Com seis, o segundo, e com doze, o terceiro, que hoje se identifica homem trans."

Durante toda a infância, ela sofreu por não se enquadrar no gênero que lhe foi designado ao nascer.

"Apanhei muito do meu pai para 'virar homem'. Eu apanhava porque minha voz era fina, porque cruzava as pernas ao invés de sentar com elas abertas, porque minhas mãos se moviam de um jeito delicado, 'desmunhecadas', enfim, apanhava porque meu jeito era feminino. Eu não sabia ser diferente nem o motivo de eu ser diferente. Não era uma opção, mesmo porque, se fosse, eu não escolheria ser daquele jeito. E uma criança entre os três e cinco anos de idade, como eu, naquela época, não tem noção do que é ser homem. Eu realmente não sabia o motivo de apanhar tanto."

O seu jeito feminino a fez sofrer também fora de casa:

"Na escola, no primeiro dia de aula, eu já era o veadinho da sala. No segundo, o veadinho da escola. Isso era um fato na minha vida."

Bárbara era atacada pelos meninos o tempo todo, por ser considerada homossexual, e protegida pelas meninas, que sentiam pena dela. Sua pior lembrança da época escolar foi dentro do banheiro masculino. Um dia, um grupo de moleques se juntou, começou a zoar, a bater nela, até pegou sua cabeça e afundou no vaso sanitário. Humilhação, violência, bullying, solidão, incompreensão, sofrimento. Assim foi a infância de Bárbara.

Como seus pais lidavam com isso?

"Minha mãe não lidava, ignorava. Meu pai, como é militar, gritava que preferia um filho morto ou bandido do que um filho veado. Ele ainda é assim e ainda não me respeita, mesmo com quase noventa anos."

A infância de Bárbara se passou nos anos 1980. Não se falava em pessoas transexuais ou transgêneras naquela época.

Só nos anos 1990, quando entrou na adolescência, é que Roberta Close ganhou mais visibilidade na mídia e as pessoas transexuais viraram assunto. Porém só como algo bizarro ou um fetiche louco. A discussão sobre quem são essas pessoas, o que elas sentem e o que a medicina e a ciência sabem sobre elas ainda era muito superficial.

Bárbara tinha apenas cinco anos de idade quando teve que fugir de casa pela primeira vez para escapar da violência do pai. Fugiu para a casa da avó materna, que dividia o quintal com outras três tias.

A sua avó te apoiava?

"Meu pai deixou as minhas duas nádegas da cor de beterraba de tanto bater. Quando ela viu aquilo, queria denunciá-lo para a polícia, mas minha mãe não deixou."

Ele te batia só com as mãos?

"Olha, essa surra aos cinco anos eu não lembro, mas as lembranças que eu tenho nunca era com as mãos. Ele já me bateu com martelo, me batia com bambu, fio de eletricidade. Batia para machucar, mesmo."

Uma das surras deixou uma cicatriz que Bárbara carrega no rosto até hoje.

"Meu pai exigia obediência total de todos e era ele quem determinava as regras de casa. Só podia almoçar, lanchar ou jantar quando ele estava conosco ao redor da mesa. Se você quisesse comer um doce, uma fruta ou qualquer outra coisa da geladeira, tinha que primeiro pedir permissão, sob o risco de levar uma surra. Era ele quem determinava o horário de comer, de tomar banho, de acordar. Um homem extremamente controlador. E aí, um dia, eu tinha seis anos, estava com fome e fui até a cerca pedir um pedaço de pão para o vizinho. Meu pai viu e, na mesma hora, foi até a cerca e me deu uma rasteira. Quando eu caí no chão, levei uma bicuda na cara. A botina de policial tinha um ferro na ponta, naquela época. Com o chute, ele abriu meu supercílio. A família ficou chocada ao ver um homem com mais de cinquenta anos fazendo isso com uma criança de seis. Era muito ódio."

Você tentava disfarçar e ficar menos afeminado para ser aceito, para evitar as humilhações e a violência?

"Não, não tentava, porque para mim não fazia sentido eu mudar. Eu era daquele jeito, era o meu natural. Eu não conseguia ser o que todos queriam que eu fosse, não era uma questão de escolha."

MUITAS FUGAS

Depois da primeira fuga para a casa da avó, Bárbara nunca mais passou muito tempo sem escapar para a rua. Por diversas vezes, fugia à noite e voltava pela manhã, sem que ninguém percebesse. Ou, se percebiam, também não demonstravam muita preocupação. Era uma criança que a família desprezava. Não havia carinho nem cuidado. Especialmente depois que seus irmãos foram nascendo e deixou de ser filha única.

"Eu fugia para as ruas de São Paulo. Muitas vezes, passava vários dias fora de casa, comendo comida do lixo, esperando a feira acabar para pegar as frutas que iriam para o lixo. À noite, eu esperava o último saco de lixo do Habib's e do McDonald's, porque eu sabia que era neles que estavam os pães e tudo que sobrava, e eles não podiam guardar para o dia seguinte."

Fugia por que e para quê?

"Eu fugia pra viver longe das surras do meu pai, porque sofria bullying dentro de casa, era muita perseguição. Até sobre meu prato de comida ele reclamava, dizendo que eu comia demais."

Bárbara conta que fugia para a região do shopping Eldorado, em São Paulo, onde passava o dia brincando no Playland, um parque de diversão que ficava dentro do local.

"Como eu era uma criança branca, loira e de olho claro, os seguranças não me expulsavam. Esse é um recorte muito importante de lembrar, porque, se eu fosse uma criança negra, com certeza não me permitiriam ficar ali", enfatiza.

Por ser branca, as pessoas provavelmente imaginavam que ela estava com alguém. Os funcionários e os seguranças do shopping só reparavam algo estranho quando ela ia todos os dias, durante uma semana inteira, brincar por ali.

Mas você tinha dinheiro para usar os brinquedos?

"Não! Mas eu ficava ali, perambulando. Na praça de alimentação, tinha funcionário que me dava comida e sempre tinha alguém que chegava, perguntava se eu estava sozinho, se eu tinha família, e acabava me levando de volta para casa. Provavelmente entendiam que uma criança tão pequena, com seis, sete anos, devia estar perdida e deveria ser devolvida para a família."

Quando estava na rua, também era comum adultos pararem em frente àquela criança bonita para perguntar por que ela estava ali, o que havia acontecido, onde estava a família dela. Bárbara contava algumas histórias tristes para comover e ser acolhida. Com aquela tenra idade, já havia aprendido como usar sua esperteza para gerar empatia. Ela chegava a ficar dois, três dias na casa das pessoas, antes que a levassem de volta para a sua família. Os pais foram até se acostumando com a situação, embora quem recebesse a criança de volta, mesmo, fosse a mãe. O pai normalmente não estava em casa quando retornava.

"Eu me lembro de uma mulher que trabalhava no shopping e se chamava Maritza. Ela me marcou muito, porque me deixou ficar uma semana na casa dela e não queria mais que eu fosse embora. Queria ficar comigo, dizia que queria cuidar de mim. Mas eu tinha pai e mãe, não podia, né... E ela acabou me levando de volta pra minha família."

Muitas vezes, Bárbara era recolhida na madrugada pela polícia, dormia na delegacia e pela manhã era levada para casa.

"Eu contava que meu pai era policial, que eu tinha família. Eles identificavam que devia haver um problema familiar ali e me levavam de volta. Eu morava dentro de uma reserva militar em Taboão da Serra."

Até que, um dia, quando Bárbara já estava com doze anos, a polícia a recolheu da rua durante a noite e, em vez de levá-la para dormir na delegacia, foram direto para a casa dela. Quando a polícia bateu na porta, foi seu pai quem atendeu.

"Meu pai não me deixou entrar. Disse que eu havia saído sozinha e teria que voltar sozinha. Disse para os policiais: 'Ele saiu com as próprias pernas, ele que volte com as próprias pernas', e se recusou a assinar a minha devolução. Fechou a porta na cara dos policiais e não atendeu mais. Nesse dia, fui declarada menor carente abandonada e encaminhada para o sos Criança."

"Nessa instituição, já havia registro de várias passagens minhas. Mas eles sempre me levavam de volta para casa, e minha mãe assinava o meu recebimento. Só que, dessa vez, meu pai não assinou", conta.

No sos Criança, todo menor carente abandonado que não tinha registro como infrator era encaminhado para abrigos espalhados por vários pontos da cidade. Bárbara foi para a Casa Abrigo Mooca e, lá, viveu dos doze aos quinze anos.

Ela gostava de morar no abrigo, de ter uma rotina. Era obrigada a ir para a escola, a obedecer às regras e a ter disciplina. Apesar de nunca ter sido procurada pelos pais durante os três anos em que morou ali, sentia-se menos abandonada e mais cuidada do que na própria casa.

Era um momento importante na vida dela, pois estava entrando na puberdade. Seu corpo começou a ganhar características masculinas. Ficou alta, desenvolveu ombros e braços, o pomo de adão cresceu, surgiram pelos por todo o corpo e, apesar de nunca ter tido muita barba, apareceu nela um bigode. O formato do rosto também mudou: o queixo ficou mais quadrado. E, quanto mais seu corpo se transformava, mais ela se incomodava. Quando se via no espelho, enxergava uma imagem na qual não se reconhecia, com a qual não se identificava. Apenas convivia com aquela figura.

Quando completou quinze anos, sua mãe finalmente descobriu onde estava e foi buscá-la para levá-la de volta para casa. Mas a relação com o pai, que já era difícil, agora tinha um agravante: ele havia se convertido para a Igreja Universal do Reino de Deus. Passou a frequentar uma igreja em que o pastor fazia rituais para "expulsar os espíritos malignos de pessoas que sentiam atração por outras do mesmo sexo". Ela era, então, na visão do pai, um espírito maligno.

"Obviamente, a minha aceitação ficou ainda mais difícil. Só fiquei seis meses em casa. Logo conheci um rapaz com mais do dobro da minha idade, 33 anos, que me convidou para ir morar com ele e eu aceitei. Fui embora de casa novamente."

A DESCOBERTA DO "MUNDO GAY"

Entre os dez e doze anos, antes de ser recolhida para o abrigo de menores, Bárbara já havia descoberto o mundo homossexual em São Paulo. Passou a frequentar o bar Corsário, tradicional ponto de encontro da comunidade gay, na praça Roosevelt, e também outros pontos, como o bar Burguer and Beer, na Consolação, além de algumas boates nas redondezas.

"Eu chamava a atenção de homens mais velhos que frequentavam esses lugares, afinal, eu era uma criança! E tinha muitos pedófilos por ali. Foi nesse momento, convivendo nesse meio, que me entendi como um menino que gostava de outros meninos."

Embora muito nova, ela já havia se relacionado sexualmente com outros garotos, mas não experimentara aquilo que considerava ideal.

"A minha primeira relação sexual foi 'consensual'. Digo consensual entre aspas, né, porque eu tinha seis anos, apenas, e foi com um menino de treze anos que era meu vizinho. Acho que ele estava entrando na puberdade e se aproveitava de mim para experimentar o sexo. Na minha fantasia infantil, de alguém que não sabia o que era receber amor e que nunca ganhava nem um abraço de pai e mãe, aqueles carinhos que o menino me fazia eram gostosos, me deixavam feliz. Eu não entendia aquilo como sexo nem tinha idade pra entender, mesmo. Mas sabia que tínhamos que fazer escondido e que ninguém poderia saber. Repito: eu era uma criança, que estava gostando de receber carinho, beijinhos. Ele me ensinou a fazer sexo oral, ele fez oral, anal em mim, e eu gostava. Ele nunca me forçou a nada."

Mas a história logo se espalhou entre os meninos da vizinhança, e ela passou a ser procurada por vários deles, inclusive pelos mais velhos.

"Só hoje eu entendo que houve abuso, mas não foi algo com violência", diz.

Com os meninos da vizinhança, Bárbara não diria que teve relações traumáticas, mas, entre oito e doze anos, perambulando pelas ruas, foi forçada a fazer sexo com violência física. A história dessa época que mais a marcou, no entanto, foi o que ela considera "uma violência emocional".

"Com dez anos, conheci um rapaz na praça da Bandeira que parecia preocupado comigo. Ele disse que eu não poderia dormir na rua, que era perigoso etc., e me convidou para passar a noite na casa dele. Lá, ele me deu banho, me deu comida, transou comigo e, quando acabou de fazer sexo, me colocou na rua de volta, sem nem deixar eu dormir na casa dele. Isso, para mim, foi horrível. Começou a cair a ficha de que eu não era mais uma criança 'acolhida' pelas pessoas na rua. Com dez anos, a situação era outra. Eu já era um menino usado só para o sexo. E, nesse dia, me senti violentado, pois ele me colocou para fora e nem dinheiro me deu."

Apesar de ter certeza de que era um menino gay, aos doze anos lhe aconteceu uma coisa que mexeu com sua cabeça. Ela conheceu e se identificou com uma travesti que fazia muito sucesso na época, chamada Natasha Dumont. Além de se apresentar como performista, ela também era jurada do show de calouros do *Programa Silvio Santos*.

"Na rua, eu a vi ao vivo e fiquei encantada. 'Como pode essa mulher linda ter nascido igual a mim, em um corpo de homem, como o meu?' Cheguei a me imaginar como ela, vestida de mulher, transformada. Na verdade, ver aquela travesti ao vivo fez vir à tona um sentimento que existia desde a infância, mas que andava adormecido."

Isso a faz se lembrar de quando era bem pequena e tomava banho com sua mãe. "Eu sempre ficava perguntando por que o meu negócio não era igual ao dela", conta. A resposta era sempre a mesma, de que quando crescesse ela ficaria igual à mamãe. Anos depois, sua mãe acabou lhe confessando que, quando era perguntada sobre seu órgão genital, achava que o filho estava querendo saber dos pelos pubianos e, por isso, dava aquela resposta.

A resposta da mãe confundiu demais a cabeça de Bárbara. Ela realmente passou a achar que, quando crescesse, seu órgão genital mudaria e ficaria igual ao de qualquer outra menina.

"Na minha cabeça, toda menina nascia com o negocinho daquele jeito e, quando crescia, mudava."

Foi durante uma aula no primário, ainda, que uma professora desenhou na lousa um menino e uma menina e explicou que menino gostava de menina e vice-versa, porque, quando crescessem, eles se juntariam para fazer outras crianças. Ali, naquele momento, o mundo de Bárbara desabou.

"Foi horrível. Talvez um dos piores dias da minha vida, pois tive a consciência de que eu não era uma menina e nunca seria. Cheguei em casa, me tranquei no banheiro e queria cortar o meu pinto. Eu me lembro de pensar assim: 'Menina não tem piu-piu, então eu tenho que cortar o meu pra ser menina'. Eu era muito novinha, tinha doze anos nessa época, e nem sei o que me fez evitar de me cortar. Acho que foi o medo de me machucar."

Todas aquelas lembranças voltaram e confundiram Bárbara, após a identificação que sentiu com a travesti Natasha Dumont logo na primeira vez que a viu.

"Eu pensei: 'Meu Deus! É possível! Eu posso ser como ela'. Só que o medo do preconceito me fez reprimir esse desejo, meio que inconscientemente. Estávamos nos anos 1990, época em que as travestis não podiam andar nas ruas porque apanhavam, eram xingadas, levavam ovo na cara. Nós não tínhamos informação ainda sobre o que era ser transexual, travesti, nada disso! Não existia a internet, como hoje, com todo tipo de informação disponível. Existiam livros sobre o assunto, mas ninguém buscava esse tipo de informação. Nós, trans, ficávamos sozinhas, marginalizadas e perdidas dentro de nós mesmas. Logo depois desse episódio, fui levada para o abrigo da Mooca e deixei essa vontade de ser como a Natasha Dumont adormecida dentro de mim."

Perguntamos para o dr. Alexandre Saadeh como poderíamos diferenciar os termos – que parecem confundir tanto as pessoas – *transgênero*, *transexual* e *travesti*:

"*Transgênero* é o termo guarda-chuva que abarca qualquer variação de expressão de gênero, qualquer dita incongruência de gênero. Transexuais se incluem como 'transgênero'. Travesti é outra possibilidade, e há outras expressões de gênero, como gênero não binário e gênero fluido. Todas essas questões estão colocadas dentro da transgeneridade, embora essas últimas sejam menos frequentes."

O PRECONCEITO: GAY PODE, TRANS NÃO?

O relacionamento de Bárbara com aquele homem, com o dobro de sua idade, durou apenas dez meses. Da casa dele, ela foi morar com outro namorado, Alexandre, de 26 anos, que também a sustentava. Ele era auxiliar administrativo, e ela trabalhava com o que aparecesse.

"Eu vendia bala em ônibus e no sinal, trabalhava em barraquinha de cachorro-quente, fazia vários serviços de ambulante", lembra.

A imagem da Natasha Dumont, travesti, linda, completamente feminina, ainda perseguia seus sonhos. Bárbara começou a se montar, ou seja, a se vestir como mulher para fazer shows de dublagem em casas noturnas, imitando a cantora Laura Pausini.

"Quando eu estava montada, transformada em mulher, eu me reconhecia. Era engraçado, porque ninguém me tratava pelo masculino nessa época, usando maquiagem e roupa feminina. Todo mundo achava que eu era mesmo uma menina. E isso me encantou."

Mas ainda não era uma realidade. Bárbara tinha que se desmontar, e isso a entristecia muito. Foi aí que, ao completar dezesseis anos, decidiu começar a tomar hormônios para tornar seu corpo mais feminino. Decidiu se tornar uma mulher.

"Como eu já tinha tido contato com várias travestis, eu sabia que hormônio era anticoncepcional. Então eu cheguei na farmácia e pedi um anticoncepcional injetável."

Segundo especialistas, ainda hoje, por desespero, a maioria das pessoas trans, como Bárbara, começa a tomar hormônios por conta própria, de maneira caseira, sem nenhuma orientação médica e, principalmente, seguindo palpites de pessoas desconhecidas em grupos da internet e em redes sociais.[18] É um comportamento de alto risco, pois o tratamento com hormônios requer acompanhamento de profissionais com especialização em várias áreas da medicina. Além de efeitos importantes em diferentes partes do corpo, resultando na mudança física, também afetam o lado emocional da pessoa. Em doses erradas e sem uma prescrição médica adequada, o usuário pode desenvolver tromboses, câncer no fígado e até vir a falecer. Por vezes, transexuais não procuram ajuda médica por falta de centros de atendimento gratuitos próximos de onde vivem e também de profissionais aptos para a prescrição desse tipo de tratamento.

Ainda não existe uma pesquisa que mensure os danos que a autoprescrição de hormônios causa na população trans, mas o dr. Alexandre Saadeh aponta os perigos desse e de outros tratamentos clandestinos aos quais quem deseja passar pela transição se submete:

"É importante sabermos disso, não sabemos a dimensão porque muitas vezes não chega até nós. O uso intempestivo de hormônios, colocação de prótese sem o menor cuidado, uso de silicone industrial, cirurgias malfeitas que, muitas vezes, não são realizadas por médicos, tanto na população adulta quanto em adolescentes. Mas os adolescentes que fazem uso de hormônios tomam uma dosagem absurda, de um hormônio que pode causar mais malefício do que benefício.

---

[18] "Pela internet, trans compram hormônios e fazem transição sem acompanhamento". Disponível em: <https://www.uol.com.br/universa/noticias/redacao/2019/05/10/trans-fazem-terapia-hormonal-por-conta-propria-medicos-alertam-para-riscos.htm>. Acesso em: 4 fev. 2021.

Meninas que têm trombose, AVC; meninos que têm doença hepática, por exemplo. Mas é a mesma hipocrisia do aborto: as mulheres abortam, mas é contra a lei. Então, esse aborto é feito clandestinamente, elas sofrem por isso, mas continua sendo ilegal."

Bárbara decidiu correr todos os riscos. E precisava contar com o apoio do namorado.

"Ele foi muito sincero e disse: 'Eu te conheci sendo *Marcelo*, te conheci menino, eu sou gay, eu gosto de homem, gosto de corpo de homem. Eu não sei se vou continuar te querendo se você mudar e se transformar em uma mulher'."

Bárbara ficou com medo de perder o namorado – a única pessoa que a apoiava naquele momento –, a moradia, e parou com os hormônios. Conseguiu ficar sem aqueles medicamentos até os dezoito anos. E, então, percebeu que estava no limite.

"É que eu continuei me montando para shows, para festas e, com isso, fui tendo cada vez mais certeza de que eu só me sentia realmente feliz vestida de mulher. Eu me sentia à vontade, parecia que, finalmente, eu não estava fantasiada, que era eu mesma. Difícil explicar. E foi acontecendo de eu não me sentir mais bem quando tirava a roupa de mulher e tinha que voltar a vestir roupas masculinas. Enfim, diante de tudo isso, não dava mais para adiar uma conversa franca com meu parceiro. Chamei-o e expliquei que não conseguia mais me reconhecer no meu corpo masculino e que tinha tomado a decisão de voltar a tomar hormônios para me transformar em mulher."

Sem nenhum apoio psicológico, Bárbara foi em frente na sua decisão. Bárbara começou a transicionar entre os dezoito e dezenove anos. Ela estava trabalhando como garçonete em uma boate, aos domingos, na rua Frei Caneca.

Conforme os hormônios transformavam suas características físicas, *Marcelo* foi deixando de existir e Bárbara foi surgindo e se assumindo socialmente. No bairro onde moravam, ela já havia enterrado sua identidade masculina e só respondia por Bárbara. Mas, no trabalho, ainda não; afinal, ela tinha sido contratada como homem. Alexandre, apesar do aviso, a ajudava. Como ele tinha carro, a levava para o serviço. Bárbara saía abaixada no carro, vestida de homem, para chegar à boate sem que os vizinhos a vissem com roupas masculinas.

"Eu usava cabelo comprido na altura dos ombros, com um arquinho, sem maquiagem e com calça e blusa largas. Mas, mesmo assim, os clientes começaram a perceber que eu estava cada vez mais feminina. Meu corpo sempre foi mais roliço, pouco masculino, mesmo. Os hormônios só evidenciaram ainda mais minhas curvas e cintura. Até um biquinho do peito já apontava na roupa."

Quando acabava o expediente, ela voltava a se vestir como Bárbara e pegava o ônibus para casa.

"Eu tirava o arquinho, soltava o cabelo, passava maquiagem, lápis, batom, colocava uma calça legging, uma blusinha feminina e ia embora. Eu não podia chegar de homem no meu bairro, porque as pessoas de lá já estavam me respeitando como Bárbara."

Mas isso durou pouco. Bárbara logo foi chamada pela gerente, que pagou a sua diária, mas não a deixou trabalhar. Disse que ela estava sendo dispensada e explicou com as seguintes palavras:

"A casa não suporta ter um funcionário como você. Os clientes não vão entender ter uma pessoa como você servindo bebida."

Bárbara conta que aquilo não entrava na cabeça dela. Ela não entendia aquele tipo de preconceito.

"Eu fiquei muito abalada. Minha ficha caiu, de que uma pessoa gay tem um lugar mais aceito socialmente do que uma pessoa trans. Eu, por ser quem sou, tenho acesso proibido em determinados espaços da sociedade. Só me restava sair em busca de um novo emprego, agora como Bárbara, e nunca mais como homem", conta.

"Tentei ser vendedora, churrasqueira, garçonete, servir novamente bebida em casa noturna, enfim, todo tipo de emprego possível para quem não terminou o ensino médio. Mas não consegui", relembra ela. Sem conseguir emprego, Bárbara não tinha outro caminho. "Fui para a prostituição."

O Alexandre, seu namorado, sabia?

"Sabia. Eu queria trabalhar, precisava ter meu dinheiro. Como eu estava em início de transição, os hormônios eram caros, eu tinha que fazer cabelo, unha, depilação, tinha que comprar roupa e todas as coisas que envolvem a vida de uma mulher. E ele era um auxiliar administrativo. O máximo que conseguia era bancar a casa."

Ele não tinha ciúmes?

"Tinha, mas ele sabia que não tinha condições de me bancar e gostava muito de mim. Somos amigos até hoje. Costumo dizer que ele foi o anjo da minha vida."

Bárbara começou a se prostituir com dezenove anos, em março de 2003. Fez programa no centro de São Paulo, nas ruas Major Sertório, Rego Freitas e Amaral Gurgel. Também colocava suas fotos com telefone na internet e esperava a chamada dos clientes. Não demorou muito, e foi convidada para fazer filmes pornográficos. Já era grande o mercado de filmes pornô com mulheres trans naquela época.

Apesar de muito trabalho, Bárbara conta que vivia apertada financeiramente. Ela acabou entrando para eventos voltados a um grupo seleto de clientes, conhecidos como *t-lovers*, ou seja, apreciadores de travestis e da prática de sexo com travestis. Não se considerando gays, os *t-lovers* fantasiam sobre ter relações sexuais com travestis, como já falamos no capítulo da Helena, na página 146.

"Em 2004, fui convidada para um evento chamado Dia T: um encontro dos *t-lovers* com travestis, fora do ambiente de trabalho, ou seja, longe das ruas. A desculpa era de que eles queriam 'socializar', nos conhecer em um ambiente mais íntimo e, quem sabe, desenvolver algum tipo de relacionamento. Era em um lugar próximo a pontos de prostituição. Naquela época, achávamos o máximo, mas hoje temos o entendimento de [que] era um jeito de eles terem relação sexual conosco de graça e longe de lugares públicos, onde seus carros poderiam ser identificados. É claro que não vingou nem namoro, nem amizade com ninguém. Mas, durante dois anos, eu frequentei esses encontros com grupos de *t-lovers*."

Em alguns desses eventos, Bárbara conheceu clientes cariocas, que lhe fizeram um convite. Falavam que ela era bonita, profissional, da lista branca – como são chamadas as travestis honestas, que não roubam e não "dão escândalo" –, e a chamaram para ir ao Rio fazer uma temporada, dizendo que ela se daria bem.

Naquela época, o relacionamento de Bárbara e Alexandre já estava mais aberto e não andava em uma boa fase. Então, em novembro de 2005, ela decidiu aceitar o convite.

"Eu fiquei no Rio de Janeiro vinte dias e trabalhei muito. Tinha dia em que fazia até dez programas. Comprei roupa, fui em balada e ainda voltei com dez mil reais para São Paulo, mesmo com todos os gastos que tive de hospedagem, refeição etc. Fiquei encantada e com muita vontade de voltar para morar."

E foi o que ela fez.

Os próprios *t-lovers* viabilizaram a mudança de Bárbara de São Paulo para o Rio no ano seguinte, apresentando-lhe outra travesti, com quem ela passou a dividir apartamento. Dois anos depois, em 2008, Bárbara já estava morando sozinha e acabou sofrendo uma estafa física e emocional. Não aguentava mais se prostituir.

"Na verdade, eu nunca gostei de me prostituir, apesar de não ter problema nenhum com o sexo. Aliás, gosto muito! Mas ir para a cama com alguém de que eu não estou a fim, porque preciso do dinheiro, é algo que me agride e sempre agrediu", explica.

Bárbara começou, então, a fazer um curso de cabeleireira, uma profissão que não parecia ter preconceito contra mulheres trans. Aprendeu a fazer corte, coloração e escova. Foi muito respeitada durante o curso, usava seu nome social, ia ao banheiro feminino e, como era um curso de uma rede de salões, normalmente os alunos começavam a carreira em alguma de suas unidades, como assistentes. Mas Bárbara nunca foi chamada, nem para uma entrevista. Assim como não conseguiu emprego em nenhum salão.

"Eu fazia o teste, passava, mas, quando eu apresentava a carteira de trabalho com meu nome masculino, a vaga desaparecia. As pessoas acham que nesses lugares não tem preconceito contra trans, mas isso não é verdade. Gay, ok. Trans, não. Comecei a atender em casa mesmo, mas não dava pra sobreviver. E tinha que complementar a renda fazendo programa."

BÁRBARA E A MILITÂNCIA

Bárbara conta que, desde 2007, já namorava a militância.

Ela foi apresentada a esse mundo por Marjorie Marchi, conhecida transexual que foi ativista por mais de dez anos e presidiu a Associação de Travestis e Pessoas Transexuais do Estado do Rio de Janeiro (Astra). Marjorie, que morreu no dia 26 de abril de 2016, lutava pela valorização da autoestima de transexuais e travestis. Bárbara começou a ir a eventos, a acompanhar nas lideranças, até que teve, efetivamente, sua primeira experiência como militante.

"Foi no Palácio Laranjeiras, residência oficial do governador do estado, em um evento de sanção da lei que autorizava o servidor público homossexual a incluir o cônjuge como seu dependente nas questões de pensão e plano de saúde. O que efetivamente fez com que eu entendesse a importância de estar na militância foi a dificuldade de me inserir no mercado de trabalho formal. Porque, no meu entendimento, quando você tem um emprego como uma pessoa qualquer, você passa a ter dignidade, visibilidade e sociabilidade. Porque as pessoas ainda não estão acostumadas a ver pessoas trans e travestis trabalhando em todo e qualquer lugar. Só conseguem enxergá-las na rua se prostituindo. Se você tem emprego, você passa a ter amigos, vida social, começa a ser convidada para festa na casa das pessoas, essas coisas cotidianas e pequenas que fazem falta para nós, que não temos; vivemos marginalizadas dessa convivência."

Bárbara conta que o ativismo a deixou mais forte, mais resistente para aguentar as porradas da vida e ter mais força para lutar, embora não tenha trazido uma inclusão social, efetivamente. A partir dali, sua mente se abriu para outras causas. Foi só em 2018, depois de dois anos na Justiça, que ela conseguiu mudar o seu nome nos documentos.

"Hoje, minha luta deixou de ser exclusivamente pela inclusão no mercado de trabalho, mas também por direitos humanos das travestis e transexuais", conta.

Bárbara começou a ser chamada para vários programas de TV. Participou, dentre outras gravações, do documentário *Prazer à venda*, da plateia do programa *Amor e Sexo* – onde chegou a trabalhar durante um tempo como produtora – e também foi consultora da série do *Fantástico* que deu origem a este livro. E, até hoje, dá palestras e participa de encontros com pessoas trans para buscar respostas e soluções para perguntas difíceis, como:

"Por que a sociedade não nos respeita?"

"Por que não temos emprego?"

"Por que não temos acesso à educação?"

"Por que não existe uma política de permanência das pessoas trans na educação?"

"Por que somos vistas apenas como objeto e fantasia sexual pelos homens?"

"Por que somos pessoas invisíveis e marginalizadas?"

"Por que querem nos bater?"

"Por que querem nos matar?"

O dr. Saadeh acredita que a grande batalha da sociedade seja reconhecer que essas pessoas existem:

"As pessoas precisam entender que, primeiramente, não é uma questão de modismo", comenta o dr. Saadeh. "É preciso que a sociedade entenda que é verdadeiro e que essas pessoas têm direito a uma existência plena, a ser o que são. É muito autoritarismo alguém dizer que você não pode ser assim, definir o que é homem e mulher. Está aí, por mais que os religiosos não queiram admitir, os conservadores, os autoritários não queiram reconhecer. Essa é uma realidade a que não existe nada a se contrapor, é real. Essas pessoas precisam de um cuidado de saúde e de uma inserção social. O Brasil – São Paulo, na verdade – evoluiu muito, mas não é perfeito ainda. Algumas pessoas têm registro em carteira, estudam, fazem pós-graduação, têm reconhecimento, inserção. Não é o ideal, mas já teve uma evolução maravilhosa. O resto do país ainda precisa chegar lá."

Quanto à vida sexual, Bárbara tomou uma decisão importante para se "blindar" contra os preconceitos: só se relaciona com homens que também sejam trans. Está com Patrick há seis anos e está feliz por se sentir amada de verdade, como ela é, por alguém que sabe realmente o que é nascer trans. Nem Bárbara nem Patrick fizeram a cirurgia de redesignação sexual. Quando pergunto o motivo, ela responde que, apesar de sempre ter sido um sonho, não tem dinheiro para isso. E também porque, quando descobriu que o amor não é entre corpos, mas entre pessoas, isso deixou de ser prioridade.

Em momentos em que consegue trabalhar e ter uma renda que lhe garanta uma qualidade de vida com dignidade, seja dando assessoria para programas de TV ou ocupando cargos no setor público, Bárbara vive longe da prostituição. Foi assessora parlamentar por três anos, mas, com a pandemia, ficou desempregada. Trabalhou como diarista fazendo faxinas durante um tempo, e agora virou sócia de uma agência de publicidade. Infelizmente, nem sempre isso é possível.

Mesmo assim, ela não tem o menor constrangimento em contar, até porque essa é a realidade de boa parte das pessoas trans no Brasil.

10. Leonard

"Até meus 35 anos, eu era lésbica. Taxado de lésbica."

Leonard Maulaz foi registrado como pertencente ao sexo feminino e hoje é um homem trans.

Leo foi um dos últimos a ser entrevistado para a série e nos surpreendeu logo no primeiro contato. É que todas as pessoas que havíamos entrevistado até aquele momento estavam tímidas ou receosas para falar. Havia uma barreira a ser quebrada até a pessoa adquirir a confiança necessária para que a conversa se desenvolvesse.

Como entrevistadora, eu sentia sempre certa desconfiança; se nós realmente trataríamos o tema com o cuidado que ele merece ou se o preconceito ia se sobrepor à nossa sensibilidade. Um temor sobre se aquelas pessoas realmente deveriam estar se expondo para um programa de TV.

Mas com o Leo não parecia ser assim. Ele estava absolutamente tranquilo em nos encontrar e com bastante vontade de contar a sua história. Chegou de mãos dadas com a namorada, com o olhar de homem apaixonado, e falando dos momentos tristes sem se aprofundar na dor. Sempre que eu insistia nos temas mais difíceis que ele enfrentou em sua jornada até ali, ele abria um sorriso e trocava as lembranças doídas do passado pelas histórias prazerosas da sua vida no presente.

E, assim, Leo foi contando a sua história.

A INFÂNCIA

Leonard nasceu em 28 de abril de 1979, no Rio de Janeiro, filho de pai militar da aeronáutica, Paulo, e de mãe dona de casa, Glória. Seu sexo biológico foi um mistério até o dia do seu nascimento.

Na ultrassonografia, o cordão umbilical insistiu em esconder seu órgão genital, deixando a família na maior expectativa. O pai tinha certeza de que nasceria um menino. Na verdade, era o que ele queria. Já tinha escolhido até o nome: Leonardo. Mas, quando a esposa deu à luz, veio para o seu colo uma criança que designaram como sendo do gênero feminino.

Talvez pelo imenso desejo do pai por um filho homem, a família lidou sem muitas crises com o fato de a filha parecer ser mais um menino do que uma menina.

Com três anos, quais eram as brincadeiras de que você gostava?

"Carrinho, tinha coleção de carrinho. Gostava também daqueles bonecos de 'Comandos em Ação', de soltar pipa e de jogar bolinhas de gude."

Brincava de boneca também?

"Boneca eu tive, mas não gostava, deixava de lado. Com panelinhas era a mesma coisa. Eu me lembro de ter sacos de panelinha, mas nunca brincava. Eu gostava mesmo era de briga de bonecos, de fazer boneco guerrear…"

E ninguém na sua casa estranhava?

"Não. Eu tive esse privilégio de meus pais não se importarem de eu ser uma menina brincando com coisa de menino. Para eles, brinquedo não era algo que tinha gênero."

Ele também não gostava de vestir blusas. Amava a liberdade de andar sem camisa, com o peitoral descoberto.

"Eu não gostava de usar vestido. Eu gostava de ficar livre, sem nada. Minhas fantasias de carnaval eram sempre sem a parte de cima, como índia, por exemplo. Acho simbólico isso. E meus pais viam aquilo com naturalidade, como uma coisa de criança. E lá em casa também não tinha essa coisa de menino usar azul e menina, rosa. Eu me lembro de usar cores neutras, como amarelo, verde. Eu agradeço o universo por ter tido o privilégio de ter nascido em uma família assim, pois isso me livrou do sofrimento a que, normalmente, as crianças trans são submetidas pelos pais na tentativa de forçá-las a se adequar ao sexo biológico. No meu caso, eu nunca ouvi dos meus pais 'seja mais feminina'. Eu era uma menina… mas uma menina moleca."

Na parte social, seu lado de criança trans também já aparecia. Era raríssimo vê-lo brincando com as meninas, porque ele gostava mesmo era de jogar bola com os meninos.

"Eu era goleira! Mas ficava chateada porque não tinha meninas pra jogar comigo. E isso foi piorando conforme eu fui crescendo. Chegou uma hora em que não dava mais para ter uma menina no time masculino, e eu deixei de ser aceita no grupo do futebol."

Leonard, naquela época, foi bem claro com o pai:

"Eu falei: 'Pai, eu quero ser menino'. E ele me respondeu que isso era impossível, porque eu teria que ter nascido com um pênis. Sem pênis, eu era menina e pronto. Essa era a explicação rápida que eu recebia, sem ele se alongar muito no assunto. Meus pais não davam muita atenção quando eu demonstrava essa minha vontade ou faziam questão de mostrar que não achavam isso importante."

Ouvia muito a frase "isso não pode", mas sempre dita com delicadeza. Provavelmente, porque é mais difícil para um pai gritar com uma menina que manifesta desejo em ter comportamentos masculinos, ou mesmo bater, do que se fosse ao contrário, ou seja, um menino afeminado.

"Eu adorava ver meu pai fazendo a barba, queria mijar em pé como ele."

E os pais iam explicando calmamente o que era "coisa de menino" e o que era "coisa de menina". Eles acreditavam que os desejos da filha estavam relacionados ao fato de ela ser muito grudada ao pai.

"Nós éramos bem companheiros. No fim de semana, era eu que ajudava a lavar o carro na garagem de casa. E, quando tinha jogo do Flamengo no Maracanã, meu pai me levava toda uniformizada, de shorts, camiseta, boné e Kichute no pé, parecendo um menino, mesmo."

Aliás, ser confundido com um menino era algo a que Leonard e sua família estavam acostumados.

"Era comum as pessoas se referirem a mim para os meus pais dizendo 'o seu filho', aí eles corrigiam. As pessoas pediam desculpas, mas eu não me importava. Se você olhar para uma foto minha na infância, vai dizer que é um menino."

O sofrimento só chegou forte, mesmo, por volta dos treze anos, quando teve a primeira menstruação.

"Eu me lembro de ir ao banheiro, chamar a minha mãe e ter ficado imóvel, sem vontade de sair dali. Passei dias e dias dentro de casa."

Os seios já tinham começado a crescer e, junto com eles, a não identificação com aquele corpo. Leo foi tomado por uma insatisfação que não conseguia explicar nem compartilhar com ninguém. Não havia saída. Como explicar que, apesar de ter um corpo feminino, ele se sentia como um menino?

O DRAMA DO SUTIÃ

Virando "mocinha", Leo começou a usar sutiã, que passou a odiar. Achava que apertava, sentia-se incomodado, parecia estar fantasiado. Quando chegava em casa, tirava tudo e andava como um menino, de shorts e sem camisa. Seus pais não se importavam. Só quando iam à praia pediam para que usasse a parte de cima do biquíni.

Com quatorze anos, Leonard entrou na academia de ginástica, e a rejeição ao seu corpo feminino ficou ainda mais evidente.

"Era insuportável usar uma bermuda colada no corpo, calcinha… Mas eu descobri os tops apertados que as meninas usavam e gostei. Era uma forma de apertar e fazer sumir os meus seios. Eu gostava da imagem de meus peitos espremidos, o peitoral reto."

Ele começou a esconder seus seios também por baixo das roupas. Usava fita adesiva para prendê-los e achatá-los. Um sacrifício e tanto, mas que valia a pena para ter a imagem de um corpo mais masculino.

Sua postura corporal mudou. Na tentativa de esconder os seios, passou a andar curvado para a frente, a ponto de ficar corcunda.

"Na minha cabeça, a sensação é de que eu tinha muito peito, seios grandes, mesmo. Mas, na verdade, eles eram muito pequenos, não faziam volume. Eu tinha uma sensação completamente distorcida do meu corpo."

No colégio, Leonard estava sempre muito isolado. Não se lembra de muita coisa. Ele acredita que, como defesa, apagou os momentos mais difíceis de bullying que ele possa ter sofrido. Só se lembra de viver de maneira solitária, principalmente no começo da adolescência.

ADOLESCÊNCIA E DESEJO SEXUAL

Os hormônios da puberdade começaram a se manifestar e ele passou a ter desejo por meninas. Mas não sabia interpretar nem nomear aquilo que sentia, não sabia o que era ser lésbica. Sexualidade não era um tema conversado dentro de casa e, apesar de estar na adolescência, tinha mentalidade bastante infantil.

"Eu achava que aquele sentimento, aquela atração física, significava amizade. Uma vez, eu estava estudando no quarto na casa de uma amiga. Nós estávamos sentados no chão, e eu me debrucei no ombro dela. Um tio dela viu a cena e brigou comigo. Falou rispidamente: 'Acabou o estudo, está na hora de ir embora'. Eu tinha quinze anos, e as pessoas já percebiam, né. Na vizinhança, já tinha um burburinho, uma fofoca sobre o meu jeito de homem. Tanto que, depois disso, nunca mais eu fui chamado para estudar com ela, a amizade praticamente acabou."

Por volta dos dezesseis anos, Leonard começou a ficar com meninas, sempre escondido. Mas, ao mesmo tempo, também ficava com meninos, porque entendia que deveria tentar ao máximo se enquadrar no padrão. Até vestido e sapato de salto alto chegou a usar em uma noite de Natal, embora não gostasse. Era uma tentativa de não ser rejeitado pelo grupo.

"Eu me fantasiava de mulher para as pessoas me aceitarem", lembra.

Em casa, os pais nunca conversaram sobre o fato de ele às vezes ficar com meninos e, em outras ocasiões, com meninas. Mas entendiam o que estava acontecendo.

"Passeando com minha mãe pela rua, eu ouvia alguém gritando 'sapatão'."

Eles fingiam não ouvir, mas Leonard se sentia envergonhado, constrangido e com vontade de chorar.

"Uma vez, cheguei em casa com uma menina e minha mãe me chamou de lado. Pediu para eu tomar cuidado na rua, que podia ser perigoso. Ficou subentendido que ela estava preocupada com eu sofrer preconceito se assumisse uma namorada fora de casa."

Leonard se sentia confuso por estar ora com homem, ora com mulher. Durante muito tempo, ficou assim. Só com dezoito anos assumiu uma namorada e nunca mais voltou a ficar com meninos. Foi nessa época que definiu seu estilo. Usava apenas calças largas e camisetas justas marcando o peito, comprimido com micropore. Os pais não sabiam que ele escondia os seios nem Leonard sabia explicar naquele momento o porquê de fazer aquilo. Só tinha certeza de que aquele volume não combinava com ele.

Quando se assumiu lésbica, os poucos amigos foram desaparecendo. Morador do Meyer até hoje, ele foi isolado de todos os grupos, até daqueles na vizinhança. Era alguém diferente, que não se encaixava socialmente. Alguém que não se identificava com as pessoas que, supostamente, eram do seu gênero. E ninguém sabia dizer, por falta de informação, o que hoje é óbvio: Leonard era um homem trans.

O seu desejo sexual por ambos os gêneros o deixava ainda mais confuso, desconfortável, perdido nos seus sentimentos sobre quem ele era.

BISSEXUAL, MAS AINDA NÃO É SÓ ISSO

Com vinte anos, Leonard começou a andar somente com lésbicas. Enfim fora aceito em um grupo e, a partir dali, só se relacionou, oficialmente, com pessoas do gênero feminino. Naquele grupo, era quase uma regra: não sair com homens. Mas Leonard quebrava essa norma de vez em quando. Gostava de sair com homens também, mas tinha que fazer isso escondido das amigas. Era de sua natureza se atrair pelos dois gêneros.

Ele sofreu a grande reviravolta na sua vida muito tempo depois, aos 35 anos. Tinha uma namorada desde os trinta, e foi ela quem um dia lhe mandou um link para acessar na internet. Ao abrir a página, lá estava a história de um rapaz trans, que já havia feito a mamoplastia – cirurgia para a retirada das mamas –, estava com barba no rosto e era, enfim, um homem, como sempre quis ser. Aquilo mexeu profundamente com Leonard.

"Passei a madrugada olhando para aquele homem trans que parecia ter vivido a minha história, navegando pelo site em busca de mais informações, pesquisando alucinadamente na internet. E me deu um clique. Mandei uma mensagem de volta para a minha namorada, dizendo: 'É isso! É isso!', eu repetia sem parar. No dia seguinte, já pedi a ela para me ajudar a fazer a transição de mulher para homem. Ela ficou bem assustada, mas entendeu que não tinha volta. E me acompanhou ao endocrinologista."

A TRANSIÇÃO

A decisão de adequar o corpo à sua identidade de gênero estava tomada. E aquilo que seu pai lhe falou na infância, que para ser homem seria necessário ter nascido com um pênis, não fazia mais sentido.

Leonard poderia modificar seu corpo com hormônios, poderia retirar os seios que tanto o incomodavam, poderia ter barba no rosto, como sempre sonhara! Por outro lado, sentia-se mais do que nunca como um ser de outro planeta. Tinha chegado aos 35 anos convivendo com uma insatisfação em relação ao seu corpo, sem saber direito quem era, e agora aparecia uma oportunidade que o levaria praticamente a nascer de novo.

"Pensava: 'Meu Deus, como eu vou fazer? Passei tanto tempo nesse corpo, as pessoas me chamando de Liana, e agora eu vou me transformar completamente em outra pessoa, de outro gênero? Como vai ser isso? Vão me aceitar?'. Eu entrei em parafuso."

Leonard mostrou o homem trans do site para o endocrinologista, que prometeu ajudá-lo. O médico pediu alguns exames e o encaminhou para uma psicanalista.

Com a terapia, levou quase seis meses até conseguir o laudo confirmando sua condição de homem trans. O laudo de um profissional da área de saúde mental é o primeiro passo para o endócrino receitar os hormônios, e a pessoa estar autorizada, do ponto de vista médico, a realizar a cirurgia. O que ele mais queria era retirar as mamas. O implante de um pênis seria pensado em um segundo momento.

"A minha primeira dose de hormônio foi uma sensação que jamais esquecerei. É inexplicável a sensação do prazer que senti em saber que estava tomando testosterona, hormônios masculinos. A cada dose eu me sentia dando um passo para a vida que eu sempre quis ter. Um desejo que estava guardado."

Com dois meses de terapia hormonal, sua voz começou a engrossar, a ficar levemente rouca. Com três meses, começou a nascer barba no rosto. Eram só uns pelinhos, mas aquilo já o deixava muito feliz. Com seis meses, vieram os músculos; seu ombro ficou mais largo, seu corpo mais quadrado, e ele raspou a cabeça.

A imagem dele, naquele momento, não condizia mais com seu nome de registro.

Resolveu usar o nome que seu pai lhe disse na infância que teria, caso tivesse nascido homem – e ele tinha! Leonard lamenta muito seu pai ter morrido antes de ver sua transição. Ele acredita que o pai o apoiaria. Para a mãe, ele nem chegou a contar pessoalmente. Simplesmente apagou sua conta do Facebook, abriu outra, com o seu novo nome, e adicionou a dona Glória.

"Eu não sabia como contar para ela. Daí ela viu, me chamou e perguntou: 'Isso aqui é o quê? Quem é Leonard?'. E eu respondi: 'Esse aí sou eu agora. A partir de hoje, é Leonard'. Ela só respondeu: 'Ah, tá'. Não falou mais nada! A minha sensação era de que, com seu instinto de mãe, ela já sabia, desde que eu nasci, que eu era um menino, mas por causa do seu jeito calado, ela nunca teve coragem de falar com ninguém sobre isso."

Sua mãe levou um susto, mas aos poucos foi se informando e entendendo o que era ser uma pessoa trans. Leonard pediu à mãe para pagar a sua cirurgia de retirada das mamas. Apesar de ser contra, pelos riscos desse tipo de procedimento, ela aceitou e arcou com os custos. A sua namorada da época também foi contra. Afinal, ela se sentia atraída por mulheres, por corpos femininos. Mas nada fez Leonard mudar de ideia. E, por isso, o relacionamento acabou.

A cirurgia aconteceu em Brasília (DF). Demorou mais de quatro horas. E o primeiro resultado não o satisfez.

"Eu achei que o peito tinha ficado muito redondo. Para não deixar cicatriz, o médico optou fazer pela aréola. Eu pedi que repetisse. Pouco me importava uma cicatriz. Eu queria um peito liso, um peito de homem. E, na segunda cirurgia, seis meses depois, ficou perfeito. Eu não me importo com a cicatriz, eu tenho é orgulho dela."

Logo que saiu do hospital, Leonard voltou para o Rio com a proibição de pegar sol, para proteger a cicatrização. Mas ele não podia esperar mais para ir à praia com seu novo corpo. E foi à noite, mesmo. Só para ter a sensação de estar sem camisa caminhando na areia, sentir o vento, sentir-se homem.

"A única palavra que explica o que eu senti, e continuo sentindo, depois da retirada das mamas, é liberdade. Finalmente, eu me sinto livre com meu corpo, livre para ser quem eu sempre quis ser. Hoje, eu gosto muito mais do meu corpo, ele me representa muito mais. O que as pessoas olham e veem como uma cicatriz, eu vejo como um sorriso."

A CHEGADA DO AMOR

Frequentador da academia desde adolescente, Leonard começou a frequentar as aulas de dança. Todos ali o viram transicionar e comentavam a respeito, menos a professora, Carla, que ligava pouco para as fofocas no ambiente de trabalho.

Ela mexeu com a cabeça de Leonard desde a primeira aula. Ele estava todo travado, com medo de fazer alguns passos, de rebolar demais, de se mostrar feminino demais. Mas ela o ajudou a se soltar, a libertar seu corpo por meio do movimento. Encantado e cada vez mais atraído por Carla, Leonard não sabia como se aproximar. Por mais que ele se sentisse um homem, será que ela o veria como um?

Pouco a pouco, ele foi se enturmando com o grupo de dança, que também costumava se encontrar fora da academia. E, nesses encontros da turma, Leonard e Carla começaram a trocar olhares, a ter conversas mais profundas, a marcar encontros longe dos outros... Até que, finalmente, depois de um mês, ele contou que era um homem trans.

"Achei a reação dela muito natural. Como se ela nem estivesse espantada, sabe?"

O amor já tinha despertado nas conversas, nos olhares... Não seria um corpo diferente daquele a que ela estava habituada a se relacionar sexualmente que iria atrapalhar aquela paixão.

"Era uma coisa que eu não imaginava, uma paz. Eu gosto de homem, nasci num corpo feminino, gosto do meu corpo, me identifico bem com ele; me atraio, me relaciono com homens. Simples. Que seja agora um homem trans", diz Carla. "Por incrível que pareça, eu não me assustei quando ele me contou. Eu sempre fui muito aberta a temas considerados diferentes. Ele é uma pessoa linda, tem um corpo lindo, um coração lindo."

Leonard conta como foi difícil o início da vida sexual com Carla nessa nova fase de sua vida, finalmente como homem, e não mais como mulher. Porque, até então, suas experiências tinham sido como uma mulher bissexual se relacionando com outra mulher ou com outro homem. Por mais que Carla lhe deixasse à vontade, agora ele era um homem com desejos de homem se relacionando com uma mulher.

"Foi bem difícil. Demorou para eu me sentir totalmente à vontade com meu corpo na cama, ao lado dela", explica.

"Para mim, foi mega tranquilo", diz Carla. "Eu acho que sexo não tem regra. E, por mais que as pessoas estranhem a minha naturalidade com o assunto, eu não me preocupo em tentar convencer ninguém de que, para mim, é e sempre foi muito natural."

DEPOIS DO "QUEM SOU EU?"

Carla conta que, desde que a reportagem foi ao ar, muita coisa mudou na relação deles com as pessoas ao redor.

"Nós não somos um casal que recebe dedo na cara ou qualquer tipo de preconceito ostensivo. É um preconceito mais velado, camuflado. E, sinceramente, as pessoas que nos viraram as costas não são aquelas que queremos ter por perto. Eu não quero enfrentar o preconceito. É chato pensar em um relacionamento como um enfrentamento de alguma coisa. Por isso, eu não quero pessoas perto de nós que não nos aceitem como somos, como duas pessoas que se amam."

Carla diz que os amigos verdadeiros ficaram, mas com Leonard foi diferente.

"Eu não tenho amigos. Tenho colegas. Minha única amiga, aquela pessoa que eu tenho para contar, é a Carla. Todos os demais eu perdi quando fiz a transição. Sofri preconceito das amigas lésbicas e dos amigos gays, por incrível que pareça. Nesse mundo LGBTQIA+ tem muita gente contra trans."

Que lição que fica dessa história de amor para as pessoas?

"Somos livres para amar, independente dos nossos corpos", responde Carla. "Eu acho que as pessoas complicam demais. A gente só vive o amor. Simples assim."

E, como um casal apaixonado, eles já têm planos: casar e ter filhos.

"Por inseminação artificial, adoção, tem várias formas... O importante é formar uma família com muito amor."

Agradecimentos

Ao Bruno Bernardes, que nos confiou a série que deu origem a este livro, e a: Aída Queiroz, Alex Carvalho, Alexandre Saadeh, Antonio Alexandre Almeida da Silva, Caíco de Queiroz, Cesar Coelho, Chico Chagas, Cláudio Guterres, Filippi Nahar, Flavio Fernandes, Juliano Cugat, Marcelo Sarkis, Marconi Matos, Marcos Aurélio Silva, Nunuca Vieira e Walmor Junior.

Bruno agradece:

Meus agradecimentos a Anna Dupont, Andrew Berriman, Alan Graça Ferreira, Jordi Macarulla, Lair Reis, Max Melo e Nancy Dutra. E à minha família: Laís, Gabriel, Felipe, Kiki, Lele, Lucila, Luiza, Lorenzo, Anna, Helena, Manuela e Moqueca.

Renata agradece:

Meus agradecimentos a cada um dos "personagens" deste livro, pela confiança em me contar seus dramas pessoais e suas histórias mais íntimas, verdadeiras lições que carregarei por toda minha vida. E também aos meus filhos, Marcela e Rodrigo, pelas conversas e atitudes que sempre me levaram a admirar ainda mais a beleza e a riqueza da diversidade humana.

Glossário

ASSEXUAL — Orientação de quem tem pouco interesse sexual por qualquer pessoa ou ausência de atração sexual. Mesmo tendo relações sexuais, essas pessoas não as consideram importante em um relacionamento amoroso.

BISSEXUAL — Orientação sexual de quem sente atração tanto por pessoas do gênero feminino quanto masculino.

BLOQUEIO HORMONAL — Administração de medicamentos que impedem o desenvolvimento dos hormônios sexuais nas pessoas trans, no início da puberdade.

CIRURGIA DE REDESIGNAÇÃO SEXUAL — Erroneamente chamada de cirurgia para "troca de sexo", a cirurgia de redesignação sexual consiste em um procedimento cirúrgico para reconstruir a genitália de uma pessoa trans conforme sua identidade de gênero.

CISGÊNERO – Pessoa que tem sua identidade de gênero compatível com o gênero que lhe foi designado ao nascer.

DISFORIA DE GÊNERO – Sensação provocada devido à insatisfação e desconforto de uma pessoa com o gênero que lhe foi designado ao nascer.

GÊNERO – Tem relação com características que foram construídas socialmente e atribuídas a determinado sexo biológico. Não se deve confundir, portanto, gênero (relacionado a aspectos sociais e psicológicos) com sexo (relacionado a aspectos biológicos).

HETEROSSEXUAL – Orientação sexual de pessoas, sejam elas cis ou trans, que sentem atração por pessoas do gênero oposto.

HOMEM TRANS – Pessoa designada como do sexo feminino ao nascer, mas que se identifica como homem.

HOMOSSEXUAL – Orientação sexual de pessoas, sejam elas cis ou trans, que sentem atração por pessoas do mesmo gênero.

HORMONIZAÇÃO – Terapia hormonal utilizada para auxiliar pessoas trans a adquirirem as características físicas do gênero com o qual se identificam.

IDENTIDADE DE GÊNERO – Gênero com o qual uma pessoa se identifica e ao qual pertence. Pode ou não concordar com o gênero que lhe foi designado ao nascer.

INCONGRUÊNCIA DE GÊNERO — Pessoas que não se identificam com o gênero que lhes foi atribuído ao nascer apresentam incongruência de gênero. Quando a incongruência traz angústia e sofrimento ao indivíduo, trata-se de um caso de disforia de gênero.

LGBTQIA+ — Sigla utilizada para se referir a lésbicas (L), gays (G), bissexuais (B), pessoas transgêneras, transexuais e travestis (T), queers (Q), intersexuais (I), assexuais (A) e a todas as demais identidades de gênero e orientações sexuais que existem (+).

MULHER TRANS — Pessoa designada como do sexo masculino ao nascer, mas que se identifica como mulher.

NÃO BINÁRIO — Pessoa cuja identidade de gênero não é nem masculina nem feminina, está entre as expressões de gênero ou é uma combinação delas.

ORIENTAÇÃO SEXUAL — Indica por quais gêneros uma pessoa se sente atraída física e/ou emocionalmente.

PANSEXUAL — Orientação sexual de quem sente atração por pessoas independentemente de seu gênero.

QUEER — Termo guarda-chuva para as pessoas que fazem parte da comunidade LGBTQIA+, ou seja, aquelas cujas identidade de gênero ou orientação sexual estão fora dos padrões da chamada cisheteronormatividade.

TRANSEXUAL — Pessoa cuja identidade de gênero difere daquela designada ao nascer. Passa por uma transição social, que pode incluir tratamentos hormonais ou procedimentos cirúrgicos, a fim de se adequar à sua identidade de gênero.

TRANSGÊNERO — Termo guarda-chuva para todas as pessoas cuja identidade de gênero não corresponde ao sexo biológico. Entre elas estão transexuais, travestis e pessoas não binárias.

TRAVESTI — Pessoa que adota uma identidade de gênero feminina, mas que pode ou não sentir desconforto com sua genitália. Pode se reconhecer como homem ou mulher, ou se entender apenas como travesti. A identificação como mulher transexual ou como travesti é, normalmente, uma escolha da própria pessoa.

A Globo Livros agradece a TransEmpregos pela ajuda em encontrar profissionais para os serviços de preparação e revisão deste livro.

No site <http://www.transempregos.org/agoravai> há uma cartilha gratuita que explica sobre a questão da empregabilidade trans, tanto para empresas quanto para profissionais, com as principais dúvidas e resoluções.

Este livro, composto na fonte Fairfield,
foi impresso em papel pólen soft 80 g/m² na Edigráfica.
Rio de Janeiro, março de 2021.